일제침탈사 바로알기 33

일제강점기 조선영화

동화에서 동원으로

● 한상언 지음 ●

동북아역사재단
NORTHEAST ASIAN HISTORY FOUNDATION

발간사

일본이 한국을 침탈한 지 100년이 지나고 한국이 일본의 지배로부터 벗어난 지 80년이 넘었건만 식민 지배에 대한 청산은 이루어지지 못하고 있습니다. 일본의 독도영유권 주장은 도를 넘어섰습니다. 일본은 일본군'위안부', 강제 동원 등 인적 수탈의 강제성도 인정하지 않고 있습니다. 일본군'위안부'와 강제 동원의 피해를 해결하는 방안을 놓고 한일 간의 갈등은 최고조에 이르고 있습니다. 역사문제를 벗어나 무역분쟁, 안보위기 등 현실 문제가 위기 국면을 맞고 있습니다.

한일 간의 갈등은 식민 지배의 역사를 어떻게 볼 것인가 하는 역사 인식에서 기인합니다. 역사는 현재와 과거의 대화이며 이를 기반으로 미래로 나아갈 수 있습니다. 과거 침략의 역사를 미화하면서 평화로운 미래를 말하는 것은 불가능합니다. 식민 지배와 전쟁 발발의 책임을 인정하지 않고 반성하지 않으면 다시 군국주의가 부활할 수 있고 전쟁이 일어날 위험성도 배제할 수 없습니다. 미래지향적 한일관계를 형성하고 나아가 동아시아의 평화와 번영의 기틀을 조성하기 위해 일본은 식민 지배의 책임을 인정하고 그 청산을 위해 노력해야 할 것입니다.

식민 지배의 역사를 청산하기 위해서는 식민 지배가 어떻게 이루어졌는지 그 실상을 명확하게 규명하는 일이 긴요합니다. 그동안 일본제 국주의에 맞서 조국의 독립을 위해 헌신한 독립운동가들의 활동을 찾아내고 역사적으로 평가하는 일에는 상당한 성과를 거두었습니다.

반면 일제 식민침탈의 구체적인 실상을 규명하는 일에는 충분한 노력을 기울이지 못했습니다. 제국주의가 식민지를 침탈했다는 것은 너무나 당연한 사실로 여겨졌기 때문에 굳이 식민 지배에서 비롯된 수탈과 억압, 인권유린을 낱낱이 확인할 필요가 없었는지도 모릅니다. 그러는 사이 일본은 식민 지배가 오히려 한국에 은혜를 베푼 것이라고 미화하고, 참혹한 인권유린을 부인하는 역사부정의 인식을 보이는 데까지 이르고 있습니다. 일제의 통치와 침탈, 그리고 그 피해를 종합적으로 조사하고 편찬할 필요성이 여기에 있습니다.

일제침탈사를 체계적으로 정리하는 일은 개인이 감당하기 어렵습니다. 이에 우리 재단은 한국학계의 힘을 모아 일제침탈사 편찬위원회를 꾸렸습니다. 편찬위원회가 중심이 되어 일제의 식민지 침탈사를 정치·경제·사회·문화 모든 방면에 걸쳐 체계적으로 집대성하기로 했습니다. 일제 식민침탈의 실체를 파악하기 위해 2020년부터 세 가지 방면으로 사업을 추진하고 있습니다. 하나는 일제침탈의 실상을 구체적이고 생생한 자료를 통해서 제공하는 일로서 〈일제침탈사 자료총서〉를 편찬합니다. 다른 하나는 이들 자료들을 바탕으로 연구한 결과물을 〈일제침탈사 연구총서〉로 간행합니다. 그리고 연구의 결과를 대중들이 이해하기 쉽게 〈일제침탈사 교양총서〉를 '바로알기' 시리즈로 간행합니다. '바로알기' 시리즈는 우리 중학교, 고등학교 학생들도 어렵지 않게 읽을 수 있도록 제작했습니다. 오랫동안 학계에서 공부해 온 전문가 선생님들이 일제 침탈과 관련된 다양한 주제를 집필해 주셨습니다. 이해하기 쉽도록 해당 주제를 사안별로 나눠 집필해서 가독성을 높였고 사진과 도표도 충분히 곁들였습니다. '바로알기' 시리즈를 통해 많은 시민과 학생들이 제국주의 일본의 한반도 침탈과 그로 인한 피해 실상을 바로 알 수 있게 되기를 바랍니다.

2025년

동북아역사재단 이사장

일제강점기 조선에서 영화를 제작한다는 것은 손해를 감수하는 무모한 일이었다. 조선에 영화가 들어와 상영되기 시작한 지 20년이 넘은 1920년대까지도 조선의 영화관 수는 20곳을 넘지 않았다. 더욱이 그 대부분이 일본의 영화회사들과 계약을 맺고 일본영화를 상영하는, 일본인들이 운영하는 영화관이었다. 따라서 서울과 몇몇 지방 대도시에 있는 조선인이 운영하는 상설관 한두 곳을 제외하면 조선영화를 상영할 곳은 사실상 없었다.

1940년대 들어 조선의 영화관 수가 100곳을 넘기기 전까지 조선영화는 제작 비용을 회수할 체계조차 마련되어 있지 않았다. 당시 조선의 영화 제작자들은 영화를 만들어 상설관 몇 군데에서 상영을 마친 뒤, 지방의 흥행업자에게 필름을 팔아 손해를 메워야 했다. 영화를 제작해 얻은 수익으로 다음 작품을 만드는 것은 그야말로 꿈같은 이야기였다. 이런 이유로 많은 수의 영화사가 한두 편의 영화만 제작한 뒤 더 이상 활동을 이어가지 못했다.

그렇다면 조선에서 영화시장은 왜 더디게 성장했을까? 이 책은 이러한 문제의식에서 시작한다. 일제강점기 내내 식민지 조선의 영화인들이 반복적으로 겪었던 예견된 실패의 근본 원인은 무엇이었는지 구조적으로 살펴보고자 한다.

1910년에 영화가 들어와 산업으로 형성되어 가던 시기에 조선은 일제의 식민지로 전락하면서 조선의 영화시장은 일본 영화산업의 일부로 편입되었다. 여기에는 조선인을 의도적으로 배제한 일제의 제도적 혹은 비제도적 관행들이 있었다. 특히 영화 자본 형성에 기반이 되는 극장 설립 허가는 일본인들에게만 특혜처럼 주어졌다. 조선인이 극장을 설립하는 것은 일제강점기 내내 찾아보기 힘든 일이었다. 그 결과 조선 영화산업의 작은 성장의 수확물은 대부분 조선에 거주하는 일본인들에게 돌아갔다.

그간 일제강점기 영화사 연구는 《아리랑》으로 대표되는 나운규(羅雲奎)의 민족영화에 대한 찬사와 이로부터 시작된 한국적 리얼리즘의 전통을 체계화하는 데 집중하였다. 이 과정에서 월북 혹은 재북 영화인의 활동이 중심이 된 프롤레타리아 영화 운동은 남북의 대립으로 의도적으로 배제되었다. 마찬가지로 조선 영화인들이 일제의 침략전쟁에 동참한 내역이 드러날 수 있었기에 조선 내 일본 영화인들의 활동 역시 연구에서 제외되었다. 그러다 보니 일제의 침탈로 인한 구체적이고 구조적인 문제들은 희석되고, 이를 극복하려는 조선 영화인들의 노력은 개인적 활동 정도로 치부하여 큰 비중을 두지 않았다.

여기에 일제의 침탈적 산업구조 속에서 영화가 조선인을 수탈하기 위한 중요한 선전 도구로 활용되었다는 점 역시 주목해야 한다. 영화의 선전 능력은 마치 양날의 칼과 같다. 《아리랑》에서 볼 수 있듯이 민족의식을 북돋는 효과적인 도구인 동시에, 일제가 조선인을 일본에 동화시키거나 전쟁의 도구로 동원하기 위해 사용하는 무기였다. 특히 총동원 체제에서 영화의 선전성은 그 어느 때보다 강력하게 작동하였는데 일제는 이를 효과적으로 활용하기 위해 조선의 영화인을 부속품처럼 이용하였다.

일제강점기 우리 영화의 산업적 취약성과 미학적 특징을 이야기할 때, 식민지 지배기구의 수탈적 활동과 조선에 거주하며 조선에서 산업을 장악했던 일본인의 구체적 행적을 살펴볼 필요가 있다. 이러한 시각은 일제강점기 조선영화의 실상을 보다 입체적으로 이해하고, 그 식민지적 본질을 명확히 인식하는 데 도움을 줄 것이다.

2025년 10월

한상언

차례

흥행업의 시작

1. 극장의 설립
2. 영화의 유입
3. 활동사진관의 등장
4. 연속영화와 변사

I

1

극장의 설립

실내 연희공간인 극장은 일본인들이나 청국인들이 개항장에 만든 낯선 문물이었다. 가장 먼저 만들어진 극장은 부산에 들어선 요술옥(妖術屋)이었다. 1889년 민건호(閔建鎬)가 쓴 『해은일록(海隱日錄)』을 보면 이곳에서 연희를 관람한 내용이 기록되어 있다. 3층으로 만들어진 이 건물은 각 층마다 요금이 차등 책정되어 있었으며 낯선 일본식 연희가 공연되었다. 부산 이외에 인천에도 1892년 극장 인부좌(仁富座)가 설립되어 일본인들의 연희 공간으로 활용되었다. 자구라 소이치(ジャグラー操一)와 같은 일본 규슈(九州) 지역의 흥행사들은 해로를 따라 부산과 인천에서 공연을 펼치고, 만주나 중국 본토에서도 공연을 했다. 요술옥이나 인부좌는 이런 흥행 루트에 설립된 극장이었다.

1884년 갑신정변 이후 체결된 한성조약에 따라 일본은 남산에 영사관을 세웠고, 남산 아래 지역에 일본인들이 모여 살기 시작했다. 이곳이 지금의 충무로 3가이다. 일본인들은 그곳에 학교도 세우고, 극장도 짓고 상점도 열었다. 일본인들이 서울에 세운 최초의 극장도 바로 이 지역에 있었다. 남촌에 위치한 이 극장은 일본어가 통용되는 일본인 전용 공간이었다. 일본에서 건너온 흥행 단체들은 인천에서 공연을 마친 뒤 경성으로 와 일본인 거류민들을 대상으로 공연을 펼쳤다.

이러한 일본식 극장 문화는 점차 조선인들에게도 영향을 주어 종로통에 조선인 극장들이 하나둘 생겨나기 시작했다. 일제 강점 이전 서울에는 원각사(圓覺社), 광무대(光武臺), 단성사(團成社), 장안사(長安社), 연흥사(演興社) 등 5곳의 극장이 성행했다. 이곳은 우리말이 통용되는 조선인 극장이었다. 하지만 조선에 체류하는 일본인들의 수가 늘어나면서 서울도 조선인과 일본인이 구분되는 이중 구조화된 도시로 변해갔으며, 그중에서도 극

〈그림 1〉 협률사, 원각사로 불린 황실 희대(戲臺)의 모습

출처: 井手正一, 1910, 『韓國併合紀念帖』, 東京: 駸々社, 203쪽.

장이야말로 다른 어떤 공간보다도 민족 언어에 따라 명확히 분리된 장소였다.

서울에 가장 먼저 만들어진 조선인 극장은 협률사(協律社) 또는 원각사로 불리는 황실 희대(戱臺)이다. 1902년, 고종황제의 50번째 생일과 즉위 40주년을 축하하기 위해 대한제국 황실에서는 성대한 잔치를 계획하였다. 이를 위해 '새문안'이라 불리던 서대문 안쪽에 '희대'를 건립했다. 일반적인 궁전 연희는 궁정의 뜰에서 왕과 대신들이 연희 공간을 가운데 두고 둘러앉아 관람하는 방식이었다. 이렇게 바닥에 앉는 방식은 조선인에게는 익숙했지만, 축하 사절로 참석한 서양인들에게는 고역이었다. 이런 이유로 각국 외교관과 주재원들을 위해서 특별히 실내 연희공간을 마련한 것이다.

희대의 형태는 '원각사'라는 이름에서도 알 수 있듯이 건물 바닥은 둥그렇고, 그 안에는 장방형의 무대가 설치되었으며, 위로는 원뿔 모양의 지붕을 얹었다. 우리가 일반적으로 생각하는 장방형의 건물과는 전혀 다른 구조였다.

희대는 성리학적 세계관을 구현한 상징적인 공간으로 아주 특이한 형태를 가졌다. 성리학에서는 '우주와 인간 세계의 기본 구성 요소이자 그 변화의 동인'을 하늘과 땅 그리고 인간으로 규정하고 이를 천지인(天地人) 삼재(三才)라 불렀다. 천지인을 시각화한 것이 바로 원방각(○□△)이었다. 연희란 하늘 아래, 땅 위에서 인간이 펼치는 희로애락을 의미한다. 황실 희대는 바로 천지인 삼재 개념으로 만든 극장이다. 무대와 객석을 모두 감싸고 있는 바닥 면은 하늘을 상징하는 원형, 인간이 서서 연기를 펼치는 무대는 네모난 장방형, 삼각뿔 모양의 지붕은 무대 위에서 연기를 펼치는 인간을 상징했다.

그러나 대한제국 황실이 극장을 새로 지을 정도로 심혈을 기울였던 1902년의 '어극 40년 칭경예식(稱慶禮式)'은 끝내 예정대로 열리지 못했다. 당시 서울에 콜레라가 창궐하고, 고종의 막내아들 영친왕이 천연두에 걸려 많은 사람이 모여 공연을 관람하기 어려운 상황이었기 때문이다. 결국 칭경예식은 연기되었고, 훗날 간소하게 치러졌다.

황실 연희가 연기되자, 이를 위해 서울에 모았던 당대 최고의 명창 김창환(金昌煥)을 비롯한 전국에서 노래 잘하고 춤 잘 추는 사람들을 그냥 돌려보내야 하는 상황이 되었다. 이를 아쉬워하던 극장 관리자 장봉환(張鳳煥) 등은 '협률사'라는 일종의 연예회사를 차리고, 1902년 12월 '소춘대유희(笑春臺遊戲)'라는 이름의 연예회를 열었다. 이는 기록으로 남은 최초의 유료 공연이었다. 당시 장봉환은 우리나라 최초의 서양식 군악대를 운영했는데, 그 운영비를 자체적으로 마련해야 했다. '소춘대유희'는 협률사 공연의 수익을 군악대 유지비로 사용할 것을 허락받고 펼친 공연이었다.

1903년 6월, 한성전기회사(漢城電氣會社)의 H. 콜브란(H. Collbran)과 H. R. 보스트윅(H. R. Bostwick)은 영화를 들여와 동대문 전기회사의 기계창에서 상영했다. 또한 '소춘대유희'를 공연했던 협률사에서도 상영했다. 하지만 협률사의 활동사진 상영은 시작한 지 며칠 지나지 않아 화재로 중단되었고, 이후 재개되지 않았다.

수리를 끝내고 재개장한 협률사는 공연을 재개하였다. 이로 인해 장안에 노랫소리가 가득해지자, 젊은이들의 책 읽는 소리가 사라지는 것을 걱정하는 사람들의 우려 섞인 목소리가 신문에 연일 보도되었다. 언론에서는 극장에 다니는 사람들을 일컬어 '음부탕자(淫婦蕩子)' 즉 '음탕한 여자와

방탕한 남자'라고 했다. 열강의 각축장이 되어 나라가 풍전등화의 위기에 처해 있는 상황에서 밤마다 음악 소리가 흘러넘치는 것을 망국의 징조로 여겼던 것이다.

이에 봉상시(奉常寺) 부제조 이필화(李苾和)가 '협률사'를 혁파해 달라는 상소를 올렸다. 이 상소를 계기로 협률사는 문을 닫았지만, 아예 사라진 것은 아니었다. 잠시 닫았던 문을 다시 열면서 관인구락부(官人俱樂部)로 활용되었으며 얼마 지나지 않아 원각사라는 이름의 본격적인 흥행 공간으로 이용되었다.

원각사의 대표는 신소설 『혈의 누』의 작가 이인직(李人稙)이었다. 그는 관비 유학생으로 일본에 머무는 동안 연극 관람을 즐겼다. 이후 러일전쟁 때 일본군 통역관으로 우리나라에 돌아온 후 일본에서 경험했던 것처럼 연극을 백성들의 인식 개량 수단으로 활용하고자 했다. 1908년 7월, 일본인 자본을 끌어와 박정동(朴晶東), 김상천(金相天)과 함께 연예회사 원각사를 설립했다. 그리고 같은 해 11월에는 자신이 쓴 신소설 『은세계』를 연극으로 공연했다. 이는 우리나라 최초의 연극 공연이다.

이인직은 극장을 운영하고, 연극만 만든 것이 아니다. 그는 일본이 조선을 식민지로 만드는 데 협조했으며 이를 배경으로 크게 출세했다. 그는 이완용의 통역 겸 비서로 활동하며 일제가 조선을 강점하는 과정에서 그들의 눈과 입이 되었다. 그 공로로, 그는 강점 직후 경학원(經學院) 대사성으로 임명되기도 했다.

2

영화의 유입

영화는 1895년 12월 프랑스의 뤼미에르(Lumière) 형제에 의해 세상에 첫선을 보였다. 이들이 만든 영화는 빠르게 전 세계로 퍼져 나갔다. 우리나라에서는 1903년 6월 한성전기회사 기계창에서 상영된 것이 처음으로 알려져 있다. 하지만 개항장의 극장이나 서울의 일본인 극장에서 이보다 먼저 영화가 상영되었을 것이다. 심훈이 『조선일보』(1929.1.1)에 쓴 「조선영화총관」에는 1897년 무렵 활동사진이 우리나라에 들어왔다고 전한다.

한성전기회사가 영화를 상영하게 된 데에는 그럴 만한 이유가 있었다. 1898년 고종은 도성 내에 전등을 설치해 거리를 밝히고, 전차를 운행하기 위해 한성전기회사를 설립하고 경인선 부설을 담당하고 있던 미국인 콜브란과 보스트윅에게 그 운영을 맡겼다. 그러나 전차 부설 완료 후 공사 비용 문제를 두고 고종과 갈등이 발생했다. 이 소식이 알려지자 조선인들은 한성전기회사에 노골적인 반감을 드러내며 조직적인 불매운동을 벌였다. 이에 한성전기회사에서는 조선인들의 반감을 누그러뜨리기 위해 부대사업으로 영화 상영을 시작하였다. 당시 한성전기회사는 전차표를 가져오는 사람들에게 무료로 영화를 보여 주는 행사를 열었는데, 영화를 보려는 사람들로 전차는 만원이었다.

한성전기회사에서는 동대문뿐 아니라 서대문 안 희대를 빌려 이곳에서도 영화를 상영했다. 전차 선로가 지나는 서대문과 동대문 양쪽에 각각 영화 상영 공간을 마련해 운영한 것이다. 그러나 희대에서의 상영은 화재로 인해 중단되었다. 반면 동대문에 있던 한성전기회사 기계창에서는 영화 상영이 지속되었고, 이후 '동대문활동사진소'라는 이름으로 불리며 본격적인 영화 흥행 공간으로 발전하였다. 훗날 그 공간은 광무대로 불리게 된다.

〈그림 2〉 1907년 파테 영화가 상영되었던 애스터 하우스 호텔 전경

출처: 국립민속박물관, 2006, 『독일인 헤르만 산더의 여행』, 119쪽.

협률사와 원각사로 알려진 황실 희대가 서대문 안, 그러니까 새문안에 자리했다면 서대문 밖에도 영화가 상영되는 곳이 있었다. 바로 프랑스인 L. 마탱(L. Matin, 馬田)이 운영하던 호텔 애스터 하우스(Astor House)였다. 이곳에서는 1907년 한 해 동안 매일 저녁 영화가 상영되었다. 이때 상영되었던 필름은 프랑스 영화회사 파테(Pathé)에서 제작한 것이었다. 이 무렵 파테사는 파격적인 방식으로 세계 영화시장을 석권하였다. 당시 영화필름의 가격은 런던의 필름마켓에서 정해졌고, 런던에서 얼마나 떨어져 있느냐에 따라 운송비 등 기타 잡비가 추가되었다. 따라서 런던에서 가장 멀리 떨어진 극동 지역은 필름 값이 가장 비쌌다.

1907년 파테사에서는 세계 어느 지역에서든 런던의 필름마켓에서 형성된 필름 가격과 같은 가격에 필름을 판매하는 전략을 채택했다. 파격적인 가격으로 인해 전 세계 영화관에서는 파테 영화가 상영되었고, 파테는 필름 판매뿐만 아니라 자사의 카메라와 영사기를 판매하여 큰 수익을 낼 수 있었다. 서울에 파테 지사가 설립되었던 이 무렵 파테의 필름을 상영하는 공간을 찾는 것 역시 어렵지 않았다. 광무대에서 상영되던 영화도 파테에서 제작한 필름이었다. 바야흐로 파테의 시대였다.

러일전쟁 이후 극장의 주요 상영 프로그램은 단연 영화였다. 전쟁에서 승리한 일본은 대한제국을 보호국으로 삼고 통감부를 설치해 조선을 통치했다. 조선 각지에서 의병 항쟁이 일어나고 민심이 흉흉해지자, 통감부에서는 영화를 이용하여 민심을 잠재우려 했다.

일제는 일본에 볼모로 데리고 간 영친왕이 근대적 교육을 받고 있다는 점을 강조하는 영화를 만들어 상영하였다. 또한 흉흉한 민심을 왜곡하기 위해 고종과 순종의 남선 순행을 기록한 영화를 요시자와상점(吉澤商店)에게 제작하도록 했다. 이러한 영화들을 제작·보급하기 위해 일본의 영화회사인 요코타상회(橫田商會)는 서울에 출장소도 두었다.

영화가 인기가 높아지자, 1910년 4월 최홍석(崔弘錫)은 프랑스 파테사와 계약을 맺고 장안사에서 영화를 상영했다. 당시 학부(學部)에서는 이 영화들을 중등학교 이상의 교육에 활용하라는 지시를 내렸으며, 그해 5월에는 일본 영화도 상영했다. 1912년 6월에는 한 서양인이 장안사를 임대하여 지만관(志滿館)이라는 이름으로 영화를 상영했고, 박영우(朴泳友) 등은 원각사를 빌려 유광관(有光館)이라는 이름으로 영화를 전문적으로 상영했다. 지만관과 유광관으로 각각 이름을 바꿔 운영하던 장안사와 원각사는 시설이 낙후했다는 이유로 활동사진 상영이 금지되었고, 얼마 후 폐관되었다.

파테 영화의 전성기는 제1차 세계대전의 발발로 막을 내리게 된다. 유럽의 주요 영화회사의 스튜디오와 각지의 영화관은 전쟁을 위해 동원되면서 영화 제작 편수는 크게 줄었고 필름 가격은 치솟았다.

전시의 혼란을 틈타 파테 영화를 대신하여 할리우드 영화가 전 세계를 석권하였다. 싱가포르에 모인 필름이 중국 상하이(上海)를 거쳐 조선으로 유입되던 것이 할리우드에서 태평양을 건너 일본 도쿄(東京)를 통해 유입되는 식으로 바뀌게 된 것이다.

제1차 세계대전 이후 새롭게 세계 영화계를 장악한 할리우드의 영화회사들은 조선이 식민지가 되면서 서울에 대리점이나 지사를 둘 필요가 없었다. 조선의 영화산업은 일본 영화산업의 일부로 편입되었고 영화 상영을 제외하고 조선인이 흥행 자본을 축적할 기회는 사라졌다. 극장의 설립이나 운영은 조선에 거주하는 일본인들에게 주어지는 특혜에 불과했다.

3

활동사진관의 등장

1910년 2월 최초의 활동사진 전용관인 경성고등연예관(京城高等演藝館)이 개관하면서 본격적인 활동사진 전용관 시대가 열렸다. 일진회 기관지 『국민신보』의 광고에 따르면, 당초 경성고등연예관은 1909년 10월 개관 예정이었다. 그러나 같은 해 10월 26일 안중근(安重根) 의사의 의거로 이토 히로부미(伊藤博文)가 사망하자, 조선 내 일본인들은 이토를 추모하며 음주와 가무를 삼갔다. 이에 따라 경성고등연예관의 개관일 역시 다음 해로 연기되었다.

이토는 영화가 지닌 선전 능력을 아주 잘 알고 있었다. 러일전쟁 이후 일제가 우리나라를 보호국으로 만들자, 전국 각지에서 의병 항쟁이 일어났다. 이토는 일본의 보호 아래 평온한 한국의 모습을 선전하기 위해 요코타상회에 의뢰하여 《통감부 원유회》, 《한국 풍속》, 《한국일주》 등을 제작했다. 아이러니하게도, 선전의 수단으로 영화를 활용하던 이토는 훗날

〈그림 3〉 경성고등연예관 광고

출처: 『국민신보』, 1909.10.5.

자신이 암살되는 모습까지 필름에 담겨, 그 영상이 일본은 물론 조선의 극장에서도 상영되었다.

경성고등연예관은 태국에 거주하던 일본인 가네하라 긴조(金原金藏)가 세운 극장이었다. 그에게 필름을 공급해 준 인물은 태국에 영화를 전파한 와타나베 도모요리(渡邊智賴)였다.

태국에서 고무 농사를 짓던 와타나베는 러일전쟁이 한창이던 때 업무차 일본을 방문해 활동사진관 앞에 늘어선 관객들을 보고 필름과 악사, 변사를 데리고 태국으로 가 영화사업을 시작했다. 와타나베는 태국 왕실과의 밀접한 관련 속에 큰 성공을 거두었고 이를 본 태국의 일본인들은 앞다투어 영화사업에 뛰어들었다. 그중 한 명이 바로 가네하라 긴조이다. 그는 조선의 식민지화 과정을 지켜보며 영화관 사업을 조선으로 확장하였다.

경성고등연예관은 태국에서 성공했던 방식대로 조선인 변사와 일본인 변사를 함께 두어 가능한 한 많은 관객을 끌어모았다. 당시에는 영화 상영 전 영화의 개략적 내용을 소개하는 전설(前說)만 존재했는데, 경성고등연예관은 일본인 변사가 등장해 영화를 설명하고, 이어 조선인 변사가 다시 영화를 설명한 후 상영하는 방식을 취했다. 이처럼 영화를 두 가지 언어로 각각 설명하다 보니 조선인과 일본인 관객 모두를 받을 수 있었다. 경성고등연예관은 와타나베 도모요리의 K다이아몬드 회사로부터 꾸준히 필름을 공급받아 연중무휴로 운영할 수 있었다. 또, 출장 상영은 물론 극장 내에 사진부를 두어 간단한 영화 제작도 했다. 이렇듯 1910년부터 1912년 말까지 서울의 영화 흥행은 경성고등연예관이 주도하였다.

짧은 전성기를 보낸 경성고등연예관은 경쟁 영화관이 등장하면서 급속히 쇠퇴하였다. 우미관(優美館)은 조선인 관객만, 대정관(大正館)과 황금관(黃金館)은 일본인 관객만 받아 한 가지 언어로만 영화를 설명했다. 이로 인해 더 이상 불편하게 조선인과 일본인이 함께 영화를 볼 필요가 없었다. 또한 설명 시간이 줄어든 만큼 더 많은 필름을 상영할 수 있었다. 경성고등연예관은 낡은 방식을 쇄신하려 노력했지만 실패하였고, 결국 대정관이 인수하면서 제2대정관으로 이름이 바뀌면서 역사 속으로 사라졌다.

경성고등연예관을 인수한 닛타 고이치(新田耕市)는 활동사진관 업자로 대정관을 운영하며 한때 경성 흥행계에서 권력자로 군림했다. 사실 그의 성공은 조선이 식민지화되면서 얻은 부산물이었다. 1910년 조선에 건너온 닛타는 식민지 개척 자금을 지원하던 식산은행과 동양척식주식회사 등 금융기관에서 거액을 대출받아 땅을 사들였는데 얼마 지나지 않아 그

〈그림 4〉 대정관 개관 광고

출처: 『매일신보』, 1912. 11. 8.

땅을 관통해서 지금의 을지로인 황금정 길이 조성되었다. 당시 일본인 상권의 중심지인 본정 길(충무로)은 마차 두 대가 겨우 지나갈 정도로 좁은 길에 불과했지만, 황금정 길은 그보다 몇 배 넓은 대로였다.

황금정 길 건설 계획으로 한순간 부자가 된 닛타 고이치의 이러한 투자는 미리 개발 정보를 알고 있었기에 가능한 일이었다. 사실 그의 아버지 닛타 마타베(新田又兵衛)는 이토 히로부미의 친구였다. 이토가 막부 타도에 나섰다가 병을 얻어 일본 시모노세키(下關)에서 숨어 지내던 시절, 이토의 옆집에 살고 있었다. 병든 이토가 홀로 힘들게 지내는 모습을 안쓰럽게 여긴 닛타 부부는 이토를 정성껏 보살펴 주었다. 얼마 지나지 않아 막부 타도에 성공한 이토는 승승장구하였고, 결국에는 일본 초대 내각의

총리 자리에 올랐다.

총리가 된 이토는 어려운 시절의 은혜를 잊지 않고 닛타 부부가 시모노세키에 고급 여관 천진루(天眞樓)를 지을 수 있게 도왔다. 이후 1905년 통감으로 임명된 이토가 서울에 부임하게 되자, 닛타 마타베는 시모노세키의 천진루를 뜯어 서울로 옮겨 지었다.

이토가 매일 술을 마시기 위해 찾던 천진루에는 조선군사령관 하세가와 요시미치(長谷川好道) 대장, 헌병사령관 무라타 아쓰시(村田惇) 소장 그리고 천진루 주인 닛타 마타베가 함께했다. 당시 사람들은 하세가와 대장과 무라타 소장 사이에 앉은 닛타 마타베를 닛타 중장이라는 별명으로 불렀다.

1909년 이토가 사망하자, 닛타 마타베는 천진루를 큰아들에게 물려주고 은퇴했다. 1910년 셋째 아들 닛타 고이치가 서울로 와서 천진루에서 얻은 고급 정보로 땅을 매집하여 큰 부자가 되었다. 닛타 고이치는 부동산 투기로 번 자금으로 자신이 근무하던 미쓰이물산(三井物産)에서 석탄 판매업을 할 생각이었으나, 전망이 밝지 않다는 조언을 듣고 활동사진업으로 방향을 바꾸었다. 당시는 일본의 4대 주요 영화 제작사를 통합해 탄생한 독점적(트러스트) 영화회사인 일본활동사진주식회사(日本活動寫眞株式會社, 약칭 닛카쓰)가 막 설립된 때였다. 닛타 고이치는 닛카쓰의 조선 대리점의 지위를 확보하면 영화를 독점적으로 수입, 상영할 수 있다고 판단하였다.

당시 경성고등연예관은 조선인과 일본인 관객을 함께 받았으나, 언어가 달라 영화 관람에 불편한 부분이 많았다. 특히 영화의 길이가 길어지면서 도입된 영화 중간에 설명하는 중설(中說) 방식도 두 언어를 함께 사용하는 경성고등연예관에서는 제대로 적용하기 어려웠다. 닛타가 새로 설립한 대정관은 서울의 일본인 관객만 대상으로 삼았으며 일본인 변사만 두어 변사의 중설도 가능했다. 서울의 일본인 관객들은 닛카쓰 영화를 독점적으로 상영하는 대정관으로 향했고, 대정관은 지방의 영화관들을 체인으로 두면서 조선의 영화 흥행계를 장악했다.

1920년대 들어 일본 영화회사들이 조선에 직접 투자하여 자체 배급망을 형성하기 시작하자, 1920년 설립된 경성주식현물취인소의 발기인 중 한 명이던 닛타는 영화 흥행업보다는 주식 중매업에 전념했다. 결국 닛타의 대정관은 오복점(呉服店)을 경영하던 오카모토 세이지로(岡本清次郎)에게 매각되었고, 1920년대 중반 이후 대정관은 서울에서 가장 오래되고 낡은 영화관의 대명사가 되었다.

조선이 식민지로 전락하면서 식민지 지배기구는 조선에 사는 일본인을 중심에 둔 정책을 펼쳤다. 그 결과 닛타 고이치 같은 일본인 흥행업자들이 초기부터 활동사진관 산업을 주도하게 되었다. 이는 식민 당국이 각종 제도와 관행으로 조선인을 주변화시킨 결과이며, 이로 인해 일본에서 건너온 이주민들은 손쉽게 조선의 관련 산업을 장악할 수 있었다.

4

연속영화와 변사

원각사에서 최초의 영화인들이 탄생했다. 조선인 최초의 변사로 불리던 우정식(禹正植)도, 한때 단성사를 운영했던 박정현(朴晶鉉)도 원각사에서 일을 시작했다. 1912년 유광관이라는 이름으로 활동사진을 전문적으로 상영했으나 방화 설비를 제대로 갖추지 못해 운영을 지속할 수 없었다.

1912년 12월 종로 2가 관철동에 최초의 조선인 활동사진 전용관인 우미관이 문을 열었다. 원각사에서 활동하던 최초의 영화인들이 이곳으로 건너왔다. 우미관은 대정관이나 황금관 같은 일본인 극장과는 프로그램이 크게 달랐다. 일본인 상설관은 일본에서 제작한 영화를 중심으로 상영했던 반면, 우미관은 서양영화, 그중에서도 할리우드 영화를 주로 상영하였다.

1910년대에 영화 상영 방식은 서양영화와 일본영화가 서로 달랐다. 서양영화는 변사가 화면의 내용을 설명하는 방식으로 상영되었지만, 일본

〈그림 5〉 조선인 상설관인 우미관

출처: 朝鮮新聞社, 1937,『大京城都市大觀』, 映畫常設館ノ部.

영화는 여러 명의 변사가 지금의 성우처럼 화면을 보고 지정된 대사를 연기하는 방식이었다. 여성 배역은 여성 변사가, 아역은 소년 변사가 목소리 연기를 맡았다. 이러한 변사를 연극변사라고 불렀다. 일본인 변사들은 주로 배우 출신들이라서 목소리 연기가 능숙했지만, 조선인 변사들은 주로 하급 관리 출신이라 그렇지 못했다. 이로 인해 웅변투로 영화를 설명하는 설명변사만 있던 조선인 극장에서는 서양영화를 주로 상영하였고, 연극변사를 보유하고 있던 일본인 극장에서는 일본영화를 중심으로 상영하였다.

1915년 말부터 조선에 할리우드 영화가 쏟아져 들어왔다. 제1차 세계대전으로 세계 영화시장을 장악하던 파테를 비롯한 유럽의 영화회사들이 영화 제작을 멈춘 사이 미국 영화회사들이 세계 영화시장을 잠식해 갔다. 특히 유니버설(Universal)은 유니버설 시티(Universal City)라는 대규모 영화 프로덕션을 만들어 그 안에 소속된 여러 영화 제작사들이 만든 영화를 '유니버설'이라는 이름으로 전 세계에 배급했다.

당시 영화관의 한 회 상영은 여러 편의 영화로 구성된 3시간 분량의 프로그램으로 이루어졌다. 상영 순서는 지금의 텔레비전 편성표처럼 일정한 순서대로 상영했는데, 그중 관객들은 액션, 모험, 미스터리 장르의 연속영화(시리얼)를 가장 좋아했다. 연속영화는 보통 20~30분 정도의 이야기가 총 15개 정도 묶인 시리즈 형식이었다. 이 15개의 에피소드는 보통 한 시즌(season)으로 불리는데, 이는 시즌제로 제작되는 미국 텔레비전 드라마의 기원이다.

연속영화는 각 에피소드가 끝날 무렵 새로운 이야기의 시작을 암시하면서 극적으로 끝났다. 이처럼 주인공이 마치 절벽 위에 매달린 듯 아슬아슬하다고 해서 클리프행어(cliffhanger)라 불렸는데 이는 다음 편의 내용을 궁금하게 만들어 관객들이 매주 영화관을 찾게 만드는 효과를 냈다. 그러다 보니 연속영화는 당시 극장의 가장 인기 있는 프로그램으로 자리잡았고, 상영 순서의 맨 마지막에 편성되는 것이 원칙이었다.

연속영화 중에서 가장 인기를 끌었던 작품은 1915년에 만들어진 《명금》이었다. 영어 제목은 '브로큰 코인(The Broken Coin)', 즉 부러진 동전이란 뜻이다. 부러진 동전 조각 두 개가 맞아야 풀리는 암호를 통해 숨겨진 보물을 찾으려는 사람들이 펼치는 모험담과 연애 이야기가 주요 내용이다. 바로 이 영화에서 사랑하는 사람끼리 동전을 반으로 갈라 사랑의 징표로 나눠

갖는 것이 시작되었다.

《명금》이 국제적으로 큰 성공을 거두자, 유니버설에서는 필름 배급 방식을 새롭게 바꾸었다. 이전까지 영화회사들은 필름을 판매하면, 구매한 사람이 그 필름을 계속 소유하면서 활용할 수 있도록 하였다. 그런데《명금》 이후에는 필름을 판매하는 대신 유니버설과 계약한 극장에 필름을 임대하는 방식으로 바꾸었다. 즉, 필름을 가진 사람들이 영화를 계속 상영할 수 없도록 한 조치였다.

《명금》에 출연한 배우들은 지금의 할리우드 스타들처럼 우리 관객들

〈그림 6〉 영화소설『명금』의 표지. 세계적으로 큰 인기를 끈《명금》은 영화소설로도 발매되었다.

출처: 한상언 소장

에게 많은 인기를 얻었다. 박태원(朴泰遠)의 소설 『5월의 훈풍』에 아이들이 《명금》의 주인공인 프레드릭 백작, 키티 그레이, 로로와 같은 캐릭터를 흉내 내며 노는 장면이 나온다. 소위 '명금 놀이'라는 것이다. 아이들이 영화배우들의 흉내를 낼 정도로 이 영화는 대단한 인기를 끌었다. 프레드릭 백작 역의 프랜시스 포드(Francis Ford), 키티 그레이 역의 그레이스 커나드(Grace Cunard), 로로 역의 에디 포로(Eddie Polo)는 국제적인 스타였다. 그런데 이들만큼이나 인기를 끈 사람이 있었으니, 바로 영화를 설명한 변사였다.

경성에서는 우미관이 가장 먼저 유니버설의 영화를 전문적으로 상영하기 시작했다. 우미관의 변사 서상호(徐相昊)는 조선 최초의 영화 스타로 불렸다. 어려서 일본에서 살았던 그는 고국으로 돌아와 헌병 경찰 노릇을 했는데 일본어와 조선어에 능통하다 보니 변사까지 됐다. 특히 프로그램이 바뀌는 막간공연에 나와서 관객들의 배꼽을 잡게 만드는 데 재능이 있었다. 자전거 클랙슨을 다리 가랑이나 겨드랑이에 끼고 추는 소위 '뻥뻥이 춤'을 선보여 관객들의 혼을 빼놓았다. 영화를 설명할 때는 굵은 목소리로 연설하듯 열변을 토하는 것으로 유명했다. 서상호가 설명하는 《명금》은 하늘을 찌를 듯한 높은 인기를 누렸다.

1918년 단성사가 영화관으로 전환되었다. 이때 단성사는 우미관의 중요한 인력들을 빼내어 갔는데 우미관의 스타 서상호도 단성사로 자리를 옮겼다. 서상호를 빼앗긴 우미관은 조선인 극장의 최고봉 자리를 단성사에게 넘겼고 우미관을 찾던 관객들은 서상호를 보러 단성사로 향했다.

엄청난 인기를 누리던 서상호는 그 인기가 가져온 방탕과 방종으로 나락으로 떨어졌다. 아편중독자가 된 그는 더 이상 무대에 설 수 없었다. 서상호의 상태가 악화하자 단성사에서는 그의 동생 서상필(徐相弼)을 변사로 만들어 무대에 세우기도 했다. 서상호는 아편을 구하기 위해 절도를 하는 등 계속 문제를 일으키고 다녔지만, 경찰 출신이라는 이유로 심한 처벌은 면했다. 그러나 마약 중독으로 인해 피폐해진 삶은 나아지지 않았다. 탑골공원이나 우미관 같은 곳에서 배회하며 구걸하던 서상호는 1938년 8월 자신의 전성기를 보낸 우미관의 화장실에서 생을 마감했다. 그때는 이미 무성영화 시대가 저물고, 변사의 목소리가 필요 없는 발성영화 시대에 접어든 상황이었다.

일제의 조선 침략과 영화업

II

5

키네마컬러와 연쇄물

1912년 일본의 4개 주요 영화 제작사인 요코타상회, 요시자와상점, 후쿠호도(福寶堂), M파테가 통합하여 트러스트 회사인 일본활동사진주식회사(닛카쓰)가 만들어진다. 이 회사가 등장하면서 일본의 영화산업은 닛카쓰를 중심으로 재편되었다.

거대 회사의 등장은 영화 제작 편 수의 급감을 가져왔다. 영화관마다 비슷한 영화들이 상영되면서 일본의 영화산업은 일시적으로 위축되었다. 트러스트에 참여하였다가 탈퇴한 세력들과 애초부터 트러스트에 참여하지 않은 영화인들은 닛카쓰에 대항할 새로운 영화회사를 설립했다. 이 중 가장 영향력을 크게 떨친 회사가 바로 천연색활동사진주식회사(天然色活動寫眞株式會社)였다. 덴카쓰(天活)라는 약칭으로 알려진 이 회사는 키네마컬러(Kinemacolor) 기술을 이용하여 천연색 영화를 만들어 냄으로써 다양한 영화를 보고 싶어 하는 관객들의 기호를 자극했다.

〈그림 7〉 시정5주년 조선물산공진회 연예관 내부(왼쪽), 외부(오른쪽) 모습. 이 건물은 이축되어 1917년부터 황금관으로 사용되었다.

출처: 京城協贊會殘務取扱所, 1916,『朝鮮物產共進會 始政伍年記念 京城協贊會報告』.

조선에서 덴카쓰의 천연색 활동사진은 황금관을 통해 도입되었다. 1913년 1월 개관한 황금관은 대장성 관료 출신인 다무라 기지로(田村義次郎)가 설립한 황금유원(黃金遊園) 안에 자리했다. 인근 닛카쓰 대리점인 대정관의 위세에 밀려 경영에 어려움을 겪던 이곳은 대정관의 매점을 운영하던 하야카와 마쓰타로(早川增太郎)가 새롭게 경영을 맡으며 큰 도약을 하게 된다.

황금관은 영국의 천연색활동사진회사(Natural Color Kinematograph Company)의 키네마컬러 영화를 가져와 상영하며 그 존재를 알렸다. 대정관과 마찬가지로 조선 전역의 주요 상설관을 체인으로 두었던 황금관은 덴카쓰의 조선 대리점으로 덴카쓰에서 직접 제작한 키네마컬러 영화들도 상영하였다.

닛카쓰의 경쟁 회사로 발돋움한 덴카쓰는 제1차 세계대전의 발발로 큰 어려움에 봉착한다. 생필름 값이 폭등하면서 일반 필름의 두 배를 사용해야 하는 키네마컬러 영화의 제작 비용과 수입 가격 모두 크게 상승했기 때문이다. 결국 덴카쓰는 키네마컬러 제작을 점차 축소하고, 대신 활동사진의 일부 장면을 실연에 의존하는 연쇄활동사진과 각종 연희를 영화와 결합한 새로운 연쇄물들을 고안해 냈다. 하지만 이러한 시도에도 불구하고 경영이 악화된 덴카쓰는 문을 닫았으며 키네마컬러 역시 사라지고 만다.

제1차 세계대전으로 필름 값이 폭등하면서 유행하게 된 연쇄물은 신파극 일부를 영화로 찍어 상영하는 연쇄극과 활동사진의 일부를 공연으로 보여 주는 연쇄활동사진으로 나뉘었다.

일본에서 1915년부터 인기를 끌던 연쇄물은 같은 시기 조선에서도 상연되었다. 이들은 경성이나 평양에서 촬영한 필름을 공연에 바로 활용하여 그 지역 관객들에게 호평받았다. 1917년 황금관에서 상연된 《문명의 복수(文明の復讐)》, 수좌(壽座)에서 상연된 《노도의 달(怒濤の月)》 등이 대표적이다. 연쇄활동사진은 덴카쓰와 고바야시상회(小林商會)의 대리점인 황금관과 유락관(有樂館)에서 주로 상영되었는데 상설관에 소속된 연극변사들을 배우로 활용했기에 가능했다. 이러한 연쇄물의 유행은 조선인 흥행 단체에도 영향을 주어 최초의 한국영화인 연쇄극 《의리적 구토(義理的仇討)》가 탄생하는 계기가 되었다.

하야카와는 1917년 유락관의 운영권을 인수한 뒤 단성사의 운영권까지 획득하며, 황금관과 더불어 3개의 활동사진관을 운영할 계획을 세우고 이를 덴카쓰 중역들에게 어필했다. 하지만 이 계획은 황금관과 단성사의 소유자 다무라 기지로와 상의된 것이 아니었다. 하야카와의 행동에 불쾌감을 느낀 다무라는 황금관의 운영권을 회수해 버렸다. 그 결과 하야카와는 유락관만 경영하게 되었고, 덴카쓰와의 대리점 계약도 취소되었다. 이후 그는 고바야시 기사부로(小林喜三郎)가 이끄는 고바야시상회와 손잡지만, 고바야시상회가 도산면서 일본영화의 수급이 원활치 못하게 되었다. 결국 당시 동아시아 지역에 영향력을 확대해 나가고 있던 미국 유니버설 영화들을 상영하며 돌파구를 찾으려 했지만, 흥행 성적 부진으로 하야카와는 결국 극장 운영에서 손을 떼고 만다.

컬러영화에 대한 대중들의 기호를 파악했던 하야카와는 이후 흥행단체인 동아문화협회를 조직하여 영화 제작에 나섰다. 1923년 경복궁에서 개최된 부업공진회의 개막에 맞춰 《춘향전》을 제작하였다. 이 작품은 필름에 색을 칠한 물리적 형태의 컬러영화로, 공진회 활동사진관과 단성사 등지에서 상영되어 큰 화제가 되었다.

키네마컬러 이후 한동안 천연색영화로 불리는 광학적 방법을 활용한 컬러영화는 제작되지 않았다. 특히 유성영화 시대로 들어서면서 필름을 염색하면 소리에 잡음이 생기는 문제가 있었기 때문이다. 새로운 형태의 천연색 영화는 1930년대 테크니컬러 영화가 상용화되면서 본격적으로 이루어졌다.

6

재조일본인과 조선총독부의 영화

1919년 1월 21일, 고종이 사망하자 전 세계적인 관심이 조선으로 쏠렸다. 많은 영화회사에서 고종의 장례식을 취재하기 위해 촬영반을 보냈다. 재조일본인들이 운영하던 영화관에서는 이들 촬영반을 고용하여 영화를 만들었다.

하야카와 마쓰타로에 이어 황금관을 운영하게 된 아라키 다이스케(荒木大助)는 여러 명의 자녀를 남겨 두고 전쟁터에 간 가난한 출정 군인 나카후치 센타로(中淵仙太郎)의 이야기를 직접 각색하여 영화로 만들었다. 제목은 《누의 가(涙の家)》였다. 유락관을 운영하던 하야카와 역시 원정심상고등소학교(元町尋常高等小學校)에서 발생한 화재 사건을 소재로 한 《오, 스즈키 교장(嗚呼鈴木校長)》이라는 영화를 제작했다. 당시 재조일본인들에게 깊은 인상을 남긴 사건들을 영화로 만들어 자신들이 소유하고 있던 영화관에서 상영하기 위한 계획이었다. 이러한 작품들은 조선에 거주하

〈그림 8〉 황금관에서 제작한 《누의 가》의 신문 광고

출처: 『경성일보』, 1919. 2. 21.

고 있는 일본인 관객을 대상으로 하고 있었다.

이처럼 3·1운동을 전후하여 일본인 흥행업자들은 조선에 거주하고 있는 일본인들을 주요 관객으로 삼은 극영화를 제작했다. 그러나 영화 제작은 오래 지속되지 못했다. 높은 제작비에 비해 재조일본인들의 수가 많지 않아 흥행을 통해 큰 이익을 얻기 어려웠기 때문이다.

이 무렵 조선총독부에서도 직접 활동사진을 제작하여 중요한 선전 도구로 활용하였다.

제1차 세계대전이 끝날 무렵 전 세계적으로 스페인 독감이 유행했다. 조선도 예외가 아니었다. 수백만 명이 독감에 걸렸고 그중 14만 명이 사망했다. 스페인 독감의 유행이 사그라질 무렵 3·1 운동이 발발했다. 3·1 운동 발발 직후에는 천연두가 유행했다. 일제는 전염병을 이유로 조선인들이 모이는 것 자체를 차단했다. 또한 다양한 선전 수단을 이용하여 전염병 예방에 대한 홍보를 강화하여 조선인들에게 전염병에 대한 공포를 심어 주었다.

식민 당국에서는 우선 휴대가 쉬운 환등을 이용해 전염병 예방 선전 같은 활동을 시도했다. 환등은 슬라이드 필름을 스크린에 확대 영사하여 교육이나 홍보 등에 활용하는 장치로, 경무국 위생과에서는 1919년 이전부터 환등용 사진들을 각 지방관청으로 보내 이를 선전 활동에 이용토록 했다. 또한 각 지방관청에서는 순회환등대회를 조직하여 각 마을을 다니며 위생의 중요성을 설명하고 필요한 경우 예방접종도 실시했다. 이러한 위생 환등 행사에는 지방의 의사들이 동원되었으며 주민들의 적극적인 참여를 유도하기 위해 연예 단체들을 고용하여 연예프로그램과 함께 위생환등대회를 열기도 했다.

영화를 이용한 위생선전 활동은 1919년 하반기부터 본격적으로 시작되었다. 조선총독부 내에 문서의 출납을 맡은 관방 문서과에 활동사진반이 만들어진 이후 공중위생을 담당하던 경무국 위생과에서도 활동사진반이 만들어져 선전 활동에 활용되기 시작했다.

위생 활동을 위해 사용된 영화들은 독일에서 만든 일종의 과학영화였다. 예컨대 콜레라균이나 장티푸스균을 현미경으로 촬영한 필름을 관객에게 보여 주는 식이다. 스크린 가득 각종 병균이 움직이는 모습과 그런 균에 의해 감염된 사람들의 참혹한 모습은 관객들에게 충격을 주기 충분했다. 여기에 의사들이 변사가 되어 영화의 내용을 설명해 주었다.

영화의 선전 능력을 간파한 조선총독부에서는 급기야는 전염병 예방을 목적으로 한 극영화 제작에 나섰다. 1923년부터 조선총독부에서는

천연두를 예방하기 위해 특정 연령대의 사람들에게 예방접종을 시행하는 조선종두령을 제정하여 발표했다. 이에 앞서 한 해 전인 1922년에는 소위 위생 사상 보급을 위해서 위생영화를 만들었는데, 그때 만들어진 영화가 《생의 과(生の誇)》였다. 우리말로는 '삶의 자랑' 정도로 해석할 수 있을 것이다.

개인위생을 철저히 하자는 내용의 이 영화는 여학생 두 명의 서로 다른 위생 상태를 대비적으로 보여 준다. 청결하지 못한 여학생은 천연두에 걸려 고생하다가 결국 결혼을 약속한 남자에게 버림받게 되고 반대로 위생 관념이 투철한 여학생은 사랑하는 사람과 결혼하게 된다는 이야기이다. 이 영화는 1922년 6월에 사람들이 많이 모일 수 있는 탑골공원과 지금의 을지로 4가 덕수중학교에서 일반을 상대로 상영되었다. 위생 사상을 담

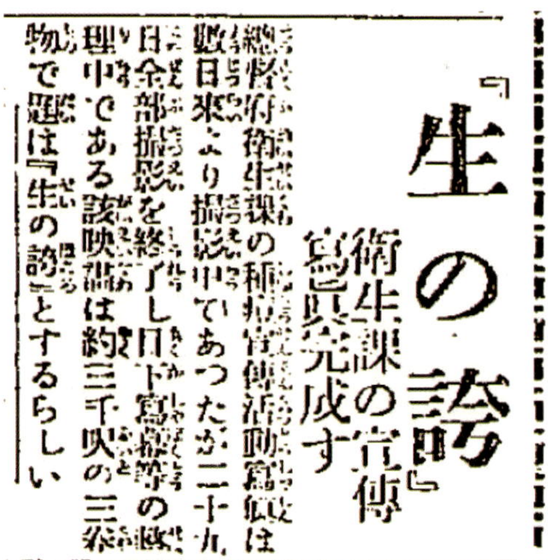
「生の誇」
衛生課の宣傳
寫眞完成す

總督府衛生課の種[illegible]宣傳活動寫眞は數日來より撮影中であつたが二十九日全部撮影を終了し目下寫眞等の整理中である該映畫は約三千呎の三卷物で題は『生の誇』とするらしい

〈그림 9〉 위생활동사진 《생의 과》의 신문기사

출처: 『경성일보』, 1922. 4. 1.

은 극영화를 제작하여 보여 준 것은 각종 균을 촬영하여 보여 주는 것보다 훨씬 유용했다.

또한 1923년 1월에는 우편저축 홍보를 위해 조선총독부 체신국이 《월하의 맹세》를 만들었다. 이 영화는 윤백남(尹白南)이 이끄는 민중극단 단원들이 제작에 참여했다.

반면 조선인들을 통치하고 교화하기 위한 목적으로 만들어진 위생영화나 저축영화와 같은 계몽영화들은 흥행과는 무관하게 관공서의 예산으로 만들었으며, 조선인 관객을 대상으로 만들어졌다는 점에서 차이를 보였다.

7

문화통치와 경성일보사의 영화 제작

3·1운동이 조선 전역으로 확산하자 조선총독부에서는 조선인들의 저항을 무마시키기 위해 통치의 방향을 무단통치에서 문화통치로 바꾼다. 조선총독부는 선전 활동을 강화하기 위해 조선인들의 언론, 출판 활동을 허가해 주었으며 조선총독부의 기관지인 『경성일보』와 『매일신보』, 『서울프레스』에서는 내선[內鮮, 내지(일본)와 조선] 동화를 위한 각종 선전 활동을 이어 갔다.

1921년 경성일보사는 『경성일보』의 지령 5,000호 기념 사업의 하나로, 내선 동화를 소재로 한 영화를 제작해 조선 전역에서 상영할 계획을 세웠다. 3·1운동 직전, 황금관에서 조선에 거주하는 일본인들의 삶을 소재로 한 영화 《누의 가》를 제작했을 때, 경성일보사 기자가 이 영화의 제작을 맡았었다. 경성일보사의 영화 제작 계획은 바로 이러한 이전의 경험을 바탕으로 한 것이었다.

〈그림 10〉 경성공회당에서 상영된《애의 극》의 한 장을 담은 신문기사

출처: 『경성일보』, 1922. 5. 4.

1921년 9월 제작해 조선 전역에서 순회 상영하기 시작한《생익(生ひ翼)》은 경성일보 기자 쓰지모토 세쓰도(辻本雪堂) 원작, 키네마회 연쇄극대일좌(キネマ會 連鎖劇大一座) 단원들이 출연했다. 연쇄극 형태로 제작된 것을 전국 순회 상영을 위해 4권 분량의 영화극으로 바꾸었다. 이 영화는 내선 동화를 소재했다는 점 외에 그 내용이 자세히 알려지지 않았다.

경성일보사 주최 전국 무료 순회 상영이 전국적으로 큰 호응을 얻자 경성일보사에서는 내선 동화를 주제로 한 영화 제작 및 순회 상영을 이어가기로 했다. 1922년 4월 15일부터 두 번째 상영회가 시작되었다. 경성일보사에서 두 번째 상영회를 위해 제작한 영화는 내선인 사이의 사랑 이야기를 다룬《애의 극(愛の極み)》이었다. 이 작품은 경성일보사 기자 야시마 류도(八島柳堂)가 각본과 촬영, 연출을 맡았고, 도쿄가무극협회(東京歌舞劇協會) 신극부원들이 출연했으며 월미도, 경성 시내, 금강산 등 조선의 명승지에서 촬영되었다.

조선인과 일본인 사이의 사랑과 결혼을 주제로 한 이 영화의 내용은 다음과 같다. 월미도로 해수욕을 온 조선인 은행가의 딸 박정옥이 밀물에 휩쓸려 가게 된다. 가난한 일본인 청년 화가 가쓰키 다다오는 위기에 처한 박정옥을 구한다. 박정옥은 또 다른 조선인 은행가의 아들 조영식과 정혼한 사이이지만 경성에서 우연히 가쓰키를 만나 사랑하게 된다. 가쓰키는 금강산으로 그림을 그리러 가고 정옥과 가쓰키의 동생 쓰유코도 금강산으로 향한다. 이를 알게 된 조영식이 그 뒤를 쫓아 금강산으로 갔다가 그만 절벽에서 추락한다. 그때 우연히 그 모습을 본 쓰유코가 그를 구하다 절벽으로 떨어져 사망한다. 이 사건을 계기로 조영식은 박정옥을 포기하고 박정옥은 가쓰키와 사랑의 결실을 맺는다

이 작품은 순회 상영 이전에 조선 총독 사이토 마코토(齋藤實)가 관람한 후 내선 동화를 다룬 작품 중 가장 우수하다는 평가를 내렸고, 경성일보사 순회 상영 외에 조선총독부 활동사진반을 통해서도 상영되었다.

《애의 극》의 성공으로 경성일보사에서는 세 번째 영화《사의 휘(死の輝き)》를 제작한다. 이 영화는《애의 극》과 마찬가지로 야시마 류도가 각본과 촬영을 맡았으며 마산 앞바다에서 파도에 휩쓸린 학생을 구하려다 순직한 대구중학의 교유 도요다 이쓰라(豊田一良)의 이야기를 다뤘다. 완성된 작품은 1922년 9월 24일부터 11월 2일까지 경성일보사 순회 상영회를 통해 전국에 상영되었다.

지방관청의 전폭적인 지원을 받으며 제작된 이 작품은 앞선 두 차례의 영화에 비해 큰 주목을 받지 못했다. 『경성일보』의 경쟁 신문사인 『조선신문』과 『경성일일신문』에서 도요다가 순직한 것이 아니라는 식의 르포기사를 내면서 도요다의 죽음과 관련한 진실 여부가 첨예한 문제로 떠

올랐기 때문이다. 여기에 무료 상영에 대한 각 지역 흥행업자들의 반발과 경쟁 신문사인 『경성일일신문』 등의 견제로 『경성일보』의 순회영사와 영화 제작은 더 이상 이어지지 않았다.

이렇듯 조선총독부 기관지를 발행하던 경성일보사에서 제작한 세 편의 내선 동화 영화는 3·1운동 이후 조선인들의 저항 의식을 잠재우려 한 식민 당국의 선전 활동의 일환으로, 이 영화들에서 일본인은 조선인을 돕는 우월한 위치에 서며 조선인은 불안한 존재로 배치된다. 《애의 극》에서 볼 수 있듯이 조선인이 바다에 빠지거나 절벽에서 추락하는 등 위험에 처할 때마다 일본인이 위험에서 구해 내는 역할을 한다. 이러한 관계는 또 다른 영화 《사의 휘》에서도 그대로 나타나는데 여기에 등장하는 일본인 선생의 성격을 묘사하기 위해 죽음을 결심한 조선인 학생을 구해 학업을 계속할 수 있도록 도움을 주는 에피소드를 활용하였다. 영화 속 이러한 묘사는 일본의 시각으로 그려 낸 조선과 일본의 관계를 의미하며 영화의 제작과 상영은 이러한 인식을 확산하려 했던 의도를 담고 있었다.

8

일본 흥행업자의 조선영화 제작

식민지 지배기구인 조선총독부와 경성일보사는 물론, 민간에서도 내선 동화를 소재로 한 활동사진을 제작하였다. 1922년 설립된 조선활동사진주식회사(朝鮮活動寫眞株式會社)는 중앙관을 비롯해 경인 지역의 극장들을 인수하여 배급망을 구축했을 뿐만 아니라 영화 제작 단체를 설립할 계획까지 세웠다. 이러한 계획하에 조선활동주식회사들의 주주들이 중심이 되어 영화 제작 단체인 극동영화구락부(極東映畫俱樂部)가 만들어졌다.

극동영화구락부에서는 극영화 제작에 앞서 1922년 9월 경성극장(京城劇場)에서 연쇄극 《노기장군(乃木將軍)》과 경성일일신문사 주최로 열린 만철(滿鐵: 남만주철도주식회사)과 『오사카마이니치신문(大阪每日新聞)』의 야구 경기를 촬영해 상영했다. 《노기장군》은 러일전쟁 당시 일본 육군을 이끈 군인으로 메이지 천황이 죽자, 부인과 함께 자결하여 충성심을 보인 노기 마레스케(乃木希典)의 삶을 그린 작품으로 '비통장렬교훈연쇄극'으로 선전되었다. 이

〈그림 11〉 극동영화구락부의 연쇄극《노기장군》 신문 광고

출처: 『경성일보』, 1922. 9. 24.

두 편의 작품은 조선에 거주하는 일본인들을 대상으로 한 작품이었다.

극동영화구락부는 조선인 관객을 대상으로 내선 동화를 목적으로 한 극영화를 제작했다. 바로《국경》이라는 영화로, 조만 국경지대에 출몰하는 마적을 일본인과 조선인이 손을 잡아 물리치는 내용을 담고 있다. 이 영화는 1923년 1월 11일 단성사에서 상영되었다. 그러나 조선인 관객들이 영화 내용이 조선인들을 모욕하고 있다고 항의하였고, 결국 상영 도중 영사가 중단되었다. 이후 더 이상 공개되지 못했다. 1월 12일 저녁 서울을 떠들썩하게 했던 김상옥 열사의 종로경찰서 투탄 의거로 인해 조선인의 감정을 자극할 만한 내용의 영화는 이후로도 상영이 불가했던 것으로 보인다. 일본인의 관점에서 만든 내선 동화 영화가 조선인의 야유로 상영이 중단되었다는 점은 이러한 영화들이 조선인들의 감정과는 얼마나 동떨어져 있었는지를 보여 주는 하나의 사례라 할 수 있다.

이 무렵 조선인 관객을 대상으로 한 일본인 영화 제작자들은 흥행을 위해 조선적인 소재를 찾아 조선인들에게 익숙한 이야기를 영화로 제작했다. 한때 황금관과 유락관을 경영했던 하야카와 마쓰타로는 동아문화협회를 조직한 후 1923년 10월 경복궁에서 개최하는 부업공진회에 맞춰 조선인들이 좋아하는 소설 『춘향전』을 영화로 만들었다. 변사 김조성(金肇盛)이 이몽룡 역을, 기생 출신 한명옥이 춘향 역을 맡은 이 영화는 배경이 되는 남원에서 로케이션 촬영을 하였을 뿐만 아니라 지역 주민들을 엑스트라로 출연시켰다. 이 영화는 단성사에서 먼저 개봉되어 관객들의 큰 호응을 얻었고 이어 흥행이 부진한 부업공진회 측에서 이 필름을 가져다 공진회 활동사진관에서도 상영하였다.

《춘향전》의 성공 이후 동아문화협회에서는 개관 이후 별다른 활동 없이 문을 닫고 있던 조선극장(朝鮮劇場)의 운영권을 얻어 극장 운영에 나섰다. 또한 영화 제작도 계속하여 기생 강명화의 비극적 삶을 그린 《비련의 곡》(1924)과 조선인들에게 인기 있는 옛이야기 『흥부전』으로 《흥부놀부》(1925)를 제작하였다. 또한 1925년부터는 한때 하야카와가 운영하였던 일본인 상설관인 황금관을 다시 맡아 경영했다. 하지만 하야카와는 신병으로 인해 1927년 조선에서의 활동을 접고 일본으로 돌아가고, 그의 측근으로 영화 제작에서 주도적인 역할을 담당했던 변사 김조성은 훗날 하야카와가 운영하던 조선극장의 운영자로 경영에 참여하게 된다. 이후 김조성은 변사가 사라지고 나서는 예원좌(藝苑座)와 그 후신 청춘극장(青春劇場)을 이끌었으며 《검사와 여선생》 등을 창작했다.

부산에서도 일본인들이 영화회사를 차려 영화 제작에 도전했다. 1924년 부산의 일본인 실업가들이 설립한 조선키네마주식회사는 조선인 관객뿐만 아니라 제작한 영화를 일본에 수출할 계획도 가지고 있었다. 하야카와가 조선인 관객만을 대상으로 영화를 만들었던 것과 달랐다.

당시 일본은 관동대지진으로 도쿄의 영화회사들이 영화 제작을 일시 멈춘 상황이었다. 조선키네마주식회사는 일본의 영화회사처럼 현대물과 시대물로 나누어 영화를 제작하였다. 현대물은 왕필렬(王必烈)이라는 한국식 이름을 쓰던 일본인 다카사 간조우(高佐貫長)가 책임자였으며, 시대물은 민중극장을 이끌었던 윤백남이 책임자였다. 조선키네마주식회사에서는 현대물인 《해의 비곡》과 《신의 장》, 시대물인 《총희의 연》을 제작하였다. 하지만 주주들 간의 다툼으로 회사가 청산되면서 더 이상 영화 제작을 할 수 없게 되었다.

이처럼 1920년대 초반 조선인 관객을 대상으로 한 일본인 흥행업자들의 영화 제작은 길게 이어지지 못했다. 그 주된 이유는 조선의 영화시장 규모가 일본에 비해 턱없이 작았기 때문이었다. 조선에서는 영화 제작에 많은 비용이 드는 반면 영화 상영을 통해서는 큰 수익을 낼 수 없었다. 조선키네마주식회사처럼 일본에서 상영할 것을 계획하기도 했다. 하지만 주요 영화회사들이 장악하고 있는 대부분의 영화관에서 조선의 작은 프로덕션에서 만든 영화는 상영할 수 없었기에 그마저도 큰 수익을 기대할 수 없었다.

일본인 제작자들이 만든 영화는 극동영화구락부의 경우처럼 조선총독부의 방침에 따른 내선 동화를 소재로 한 내용이거나 동아문화협회나 조선키네마주식회사의 영화처럼 흥행을 목적으로 일본의 신파극을 배경만 조선으로 바꾼 작품이 대부분이다. 또한 《춘향전》이나 《흥부놀부》, 《총희의 연》처럼 지금의 이야기가 아닌 옛이야기를 주로 다뤘다. 이러한 영화들은 조선의 실상과는 거리가 먼 흥행만을 목적으로 제작한 영화로 일본 영화 제작자들의 상업적 관심을 반영한 결과였다.

그럼에도 불구하고 조선인의 취향에 맞춘 작품을 제작하기 위해 일본인 제작자가 고용한 나운규를 비롯해 윤백남, 안종화(安鍾和), 이경손(李慶孫), 이월화(李月華), 주인규(朱仁奎), 이규설(李奎卨), 김태진[金兌鎭, 예명 남궁운(南宮雲)], 김조성 등은 이후 한국영화 발전에 거대한 족적을 남겼다.

조선 영화인의 분투

III

9

조선인 흥행업자의 활동

일제강점기 내내 우리나라 사람이 소유한 영화관은 거의 없었다. 서울의 우미관은 일본인 하야시다 긴지로(林田金次郎)와 시바타 미요지(紫田三代治)가 세웠고, 《의리적 구토》를 제작한 단성사도 운영자만 조선인이었지 소유권은 일본인 다무라 기지로가 가지고 있었다.

동대문에 있던 광무대를 황금유원으로 이전하여 운영하고 있던 박승필(朴承弼)은 황금유원의 소유주인 다무라가 인수한 단성사의 운영권을 얻어 1918년부터 활동사진관으로 활용하였다. 그는 영화의 인기로 공연할 곳을 찾지 못해 어려움을 겪고 있던 김도산(金陶山)의 신극좌(新劇座)와 임성구(林聖九)의 혁신단(革新團) 두 곳의 신파극단을 단성사 휘하에 두고 연쇄극 제작을 독려했다. 그때 처음으로 제작된 연쇄극이 《의리적 구토》였다. 이 작품이 큰 성공을 거두면서 1921년 무렵까지 연쇄극의 시대가 이어졌다.

한국영화가 태동하는 데 있어 단성사의 역할이 지대했다. 동아문화협

本館新築落成後 大渴望中

「模範的活動寫眞」은

今日부터 大大的映寫

京城昌德宮入口 團成社 電話九五九番

〈그림 12〉 1918년 단성사 신축 낙성 기사

출처: 『매일신보』, 1918.12.21.

회의 하야카와 마쓰타로가 조선인이 가장 좋아하는 고소설 『춘향전』을 영화로 만들어 단성사에서 상영하자 박승필은 1924년부터 본격적으로 영화를 만들어 보고자 단성사 안에 활동사진반을 설치하고 『장화홍련전』을 영화로 만든다. 이 작품은 스태프와 배우 모두 우리나라 사람들로만 구성된 순수 조선인의 손으로 만든 영화라는 데 의의가 있다.

《장화홍련전》 이후 단성사에서는 직접 영화를 제작하는 것이 아닌 영화를 제작할 수 있는 사람이나 단체에 재정적 후원을 하고 영화가 완성되면 단성사에서 상영하여 투자금을 회수하는 전략을 취했다. 박승필이 눈여겨본 인물 중에 《아리랑》을 만든 나운규도 있었다. 그는 일본인 요도 도라죠(淀虎藏)가 세운 조선키네마프로덕션에서 《아리랑》과 《풍운아》 등을 만들어 큰 성공을 거둔 바 있었다. 박승필은 나운규에게 독립을 권했고 조선키네마프로덕션에서 나온 나운규는 자신의 이름을 딴 나운규프로덕션을 조직하여 단성사의 자금으로 영화를 만들었다.

이 외에 단성사에서는 금강키네마나 원방각사와 같은 영화회사를 직간접적으로 후원하였다. 그러다 보니 무성영화 시대에 만들어진 영화의 절반 정도가 단성사의 자금으로 만들어졌다.

1930년대 초반 단성사를 이끌던 박승필이 사망하자 지배인이던 박정현이 단성사의 새로운 운영자가 되었다. 이즈음 토키 영화(발성영화)가 수입, 상영되기 시작하는데 서양영화 전용관이던 단성사는 서울의 어느 극장보다 먼저 토키 영화 전용관으로 재건축을 추진했다. 하지만 건축 허가가 엄격하게 바뀌면서 1,000석이 넘었던 영화관이 680석으로 줄어들어 기존 관객의 절반 정도밖에 수용하지 못하게 되었고, 고가의 토키 필름 상영으로 적자가 누적될 수밖에 없었다.

단성사는 영화 상영을 줄이고 연극을 공연하는 등 변화를 꾀했지만, 경영은 어려웠다. 결국 단성사의 흥행권은 명치좌(明治座)의 주인 이시바시 료스케(石橋良介)에게 넘어갔다. 그는 일제의 대륙 진출을 강조하는 의미에서 단성사라는 이름을 대륙극장(大陸劇場)으로 바꾸었다. 이때 잃어버렸던 단성사라는 이름은 광복이 되어서야 비로소 되찾을 수 있었다.

단성사와 더불어 조선인 극장을 대표하는 조선극장은 1922년 황원균(黃源均)이 설립 허가를 받아 공사비 5만여 원, 총비용 14만 원으로 과거 연흥사가 있던 자리에 지은 지상 3층의 상설관이다. 경기도 경찰부장 지바료(千葉了)는 3·1운동 직후 의친왕(義親王)의 국외 탈출을 밀고한 황원균에게 건축 허가를 내주는 것은 물론 일본 요코하마(橫濱)에 근거지를 둔 동양생명보험의 경성지사장 야자와 긴지로(矢澤近次郎)에게 거액을 대출받을 수 있도록 주선해 주었다.

조선극장은 총 800여 명을 수용할 수 있는 규모로 박스석에 엘리베이

朝鮮劇場落成 경셩인사동에 건축하여 오든 됴션극장은 총공비 오만여원으로 다 됫슴으로 이번에 락셩되야 오는륙일브터 문을 열고 셩대ᄒᆞᆫ 락셩츅하식을 ᄒᆞᆫ다는대 당일 츅하출연ᄒᆞᆯ것은 오권번기셩권부와 현대극단 ᄯᅩ회와 린셔 명화할놋사진이 잇고 사회유지기라를 초대하며 극장츅하 그림엽서와 삼층에 모의뎜ᄉᆞ지 셜비하고 셩대히 츅하식을 거힝ᄒᆞᆫ다는대 (사진은 락셩ᄒᆞᆫ됴션 극장과 주인되는 황원균씨)

〈그림 13〉 조선극장 낙성 기사와 황원균

출처: 『매일신보』, 1922.11.3.

터까지 설비하고 옥상에는 서울 시내를 내려다보며 식사를 할 수 있는 레스토랑까지 갖추었다. 조선극장은 1922년 11월 6일 화려한 개관식과 함께 문을 열었지만 경영 미숙으로 인해 제대로 운영하지 못했다. 결국 대출받은 자금을 갚을 수 없게 되자 채권자인 동양생명보험은 이 건물을 도쿄건물회사(東京建物會社)에 매각한다. 이로써 강점 이후 처음으로 서울에 조선인이 설립한 영화관은 하나도 남지 않게 되었다. 독립운동을 방해한 대가로 얻은 이권은 물거품처럼 금방 사라졌다.

우미관이 1924년 화재를 당하여 3류 극장으로 전락하자 서울에서 조선인 관객들이 분위기를 즐기며 영화를 감상할 수 있는 곳은 조선극장과 단성사 두 곳만이 남았다. 시설은 조선극장이 단성사에 앞섰으나 도쿄건물회사가 조선극장을 대관 형태로 운영했기에 운영자가 자주 변경되어

안정감이 없었다. 한때 조선극장은 하야카와 마쓰타로의 동아문화협회가 운영했으며 이후 김조성, 차영호(車泳鎬), 신용희(申鎔熙) 등 조선인들이 경영을 맡았고, 1930년대 들어서는 외국 영화의 수입·배급사인 기신양행(紀新洋行)의 김찬영(金瓚永)이 운영자로 있었다. 이후 1934년 12월 제일극장(第一劇場)을 소유하고 있던 일본인 흥행사 미나토 규기치(港谷久吉)가 인수하여 직영하였으나 1936년 6월 발생한 화재로 사라졌다.

잦은 운영자 교체로 인해 경영이 불안했음에도 불구하고, 이곳을 운영하던 이들 대부분이 서양영화를 상영했기에 조선극장은 단성사와 더불어 서울에서 서양영화를 볼 수 있는 대표적인 장소로 인식되었다.

10

《아리랑》이라는 사건

1926년 본정(충무로) 2정목에서 모자상을 하던 요도 도라죠는 조선키네마프로덕션을 설립하고 영화 제작을 시작했다. 그는 영화 제작 경험을 가진 윤백남프로덕션 출신 영화인들을 자신의 회사로 불러 모았다. 첫 번째 작품은 이규설이 연출한 《농중조》(1926)였다. 이는 동명의 일본 신파극을 우리식으로 번안한 것이다. 《농중조》에 이은 조선키네마프로덕션의 다음 작품은 나운규의 《아리랑》(1926)이었다. 나운규는 사람들의 입에서 입으로 불리던 《아리랑》을 소재로 시나리오를 구상했다. 나운규가 영화 제작을 준비하던 시기는 대한제국의 마지막 황제인 순종의 인산일을 맞아 천도교와 조선공산당이 주도한 6·10 만세운동이 일어나 시내가 들썩이던 때였다.

영화 제작은 부산의 조선키네마주식회사에서부터 동고동락했던 동료들이 함께했다. 이 중 영희 역의 신일선(申一仙)만이 영화 제작을 위해 새로

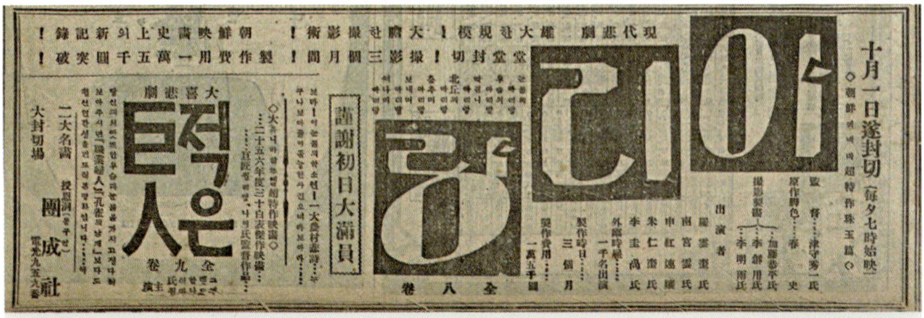

〈그림 14〉《아리랑》의 신문 광고

출처: 『매일신보』, 1926. 10. 3.

합류한 인물이었다. 그녀는 극단 문수성(文秀星)에서 배우로 막 데뷔하여 깜찍하고 신선한 외모로 인기를 끌고 있었다. 나운규는 그녀의 매니저 격인 오빠 신창운을 설득해 겨우 영화 출연을 승낙받았다. 그러다 보니 다른 배우들과 달리 거액의 출연료를 제공하고 촬영장이 있는 안암골까지 편안하게 모시는 등 특별대우를 해 주었다.

1926년 여름에 제작을 시작한 《아리랑》은 같은 해 가을 단성사에서 개봉되어 관객들의 큰 호응을 얻었다. 지식인들 사이에서도 《아리랑》은 큰 울림을 주었다. 특히 평론가 최승일(崔承一)은 《아리랑》으로 인해 소설의 시대가 가고 영화의 시대가 오고 있다고 극찬했으며, 훗날 이경손은 영화가 던져 준 충격을 마치 의열단원이 서울 한가운데에 폭탄을 던진 것과 같다고도 했다.

주인공은 어떤 사건으로 인해 정신이상자가 된 영진(나운규 분)이다. 그는 늙은 아버지(이규설 분)와 여동생 영희(신일선 분)와 함께 살고 있다. 영진의 친구 현구(남궁운 분)는 낭만적인 학생으로 영희와 좋아하는 사이이다. 지주의 하수인 마름 오기호(주인규 분)는 영희를 차지하고 싶어 소작을 미끼로 이들을 협박한다. 추석을 맞아 명절을 쇠기 위해 고향에 온 현구는 영희와 밀회를 즐기던 중 이를 못마땅하게 여긴 오기호와 시비가 붙는다. 이를 보고 있던 영진은 피투성이가 된 현구의 모습에 흥분하여 낫을 들어 오기호를 살해한다. 피를 본 영진은 정신이 돌아온다. 경찰에 체포되어 포승줄에 묶여 고개를 넘어가는 영진의 모습을 바라보며 마을 사람들은 함께 《아리랑》을 부른다.

《아리랑》의 대단한 성공으로 영화의 마지막 장면이 촬영된 정릉으로 넘어가는 고갯길을 사람들이 아리랑고개로 부르기 시작했다. 1920년대 후반에는 《아리랑고개》라는 연극이 만들어졌고 이 연극은 1935년에 영화로도 제작되었다.

나운규의 《아리랑》은 무성영화 시기를 화려하게 장식하였다. 조선키네마프로덕션을 이끌던 일본인 흥행사는 차기작을 만들라고 종용했다. 나운규는 러시아 방랑 시절의 경험이 녹아 있는 《풍운아》(1926)를 만들어 연이은 흥행 성공을 이어 갔다. 나운규의 성공은 예림회(藝林會)에서부터 함께 활동했던 함흥 출신 주인규, 김태진(예명 남궁운)과 회령 출신 나운규의 갈등이 표면화되는 계기였다. 《풍운아》 이후에도 나운규가 주도하고 있는 영화 제작에 적대감을 보인 주인규는 나운규와 난투를 벌인 끝에 갈라섰다. 주인규와 김태진 등은 조선키네마프로덕션을 탈퇴한 후 극동키네마에 입사하여 경향적 내용의 영화인 《낙원을 찾는 무리들》(1927) 제작에 참했다. 나운규는 친구 윤봉춘(尹逢春)을 불러와 제작진을 재정비하고 《들쥐》(1927), 《잘 있거라》(1927) 등의 영화를 계속 만들었다. 템포가 빠르고 경쾌한 리듬의 나운규의 영화는 조선인 관객의 기호에 맞아 만드는 영화마다 관객이 몰렸고, 얼마 후 독립해 나운규프로덕션을 만들어 직접 영화를 만들기 시작했다.

나운규프로덕션에서 만든 영화 역시 관객들의 엄청난 환영을 받았다. 하지만 나운규의 방탕과 방종으로 돈은 사라졌고 주변의 동료들 전부가 나운규에게서 등을 돌렸다. 혼자 남게 된 나운규는 일본영화계 시찰을 핑계로 조선을 떠나 그곳에서 잠시 머물다가 돌아왔다. 단성사에서는 원방각이라는 영화 제작회사를 만들어 나운규를 활용할 계획을 세웠다.

원방각에서는 나운규를 출연시켜 이구영(李龜永) 연출로 《아리랑 속편》(1930)을 제작하였다. 이어 나운규에게 《철인도》(1930)를 연출하게 시켰는데 이 작품은 카프(KAPF) 영화인들로부터 집중적인 비난을 받게 된다. 나운규는 이러한 상황에서 일본의 극우파인 도야마 미쓰루(遠山滿)가 이끌던 원산만프로덕션에서 만든 영화에 출연하여 조선 영화인들의 손가락질을 받는 상황까지 이른다.

이후 나운규는 최승일, 심영(沈影) 등과 미나토좌(ミナト座)를 중심으로 좌익연극을 하며 재기를 노렸다. 1932년 이규환(李圭煥)이 연출한 《임자 없는 나룻배》(1932)에서 나운규는 주인공 역을 맡으면서 어느 때보다 진지하게 영화 촬영에 나섰다. 예전의 그 활극 배우 같은 움직임이 아닌 가난과 운명에 버림받은 늙은 뱃사공의 고독과 슬픔이 배어 있는 연기를 보여 주었다. 그의 이런 모습에 그의 동료들은 다시 나운규 주위로 모였다.

이후 한양영화사를 조직한 나운규는 이곳에서 《아리랑 3편》(1936)을 만들었다. 이 영화는 조선 최초의 발성영화로 만들 계획이었으나 기술 부족으로 완성이 늦어져 결국 조선 최초의 발성영화라는 타이틀은 경성촬영소에서 만든 《춘향전》(1935)에 넘어갔다.

오랫동안 불안정한 생활로 인한 영양 부족, 술과 여자가 끊이지 않는 방종과 낭비의 일상이 나운규의 육신을 갉아먹었다. 폐병으로 크게 고생하던 나운규는 이태준(李泰俊) 원작의 《오몽녀》(1937)를 완성하였지만 건강이 극도로 악화되어 1937년 여름에 사망한다. 조선의 무성영화 시대를 이끌었던 나운규는 그렇게 세상과 작별을 고했다.

11

카프영화와 진보적 영화운동

1917년 발발한 러시아 혁명과 민족운동의 결과물인 1919년 3·1운동은 조선의 노동계급이 혁명적 상황의 주인이 될 수 있다는 상상을 가능케 했다. 1925년 사회주의 운동의 전초기지가 될 조선공산당이 조직된 후 이와 관련을 맺고 있던 조각가 김복진(金復鎭)을 중심으로 염군사와 파스큘라를 통합한 진보적 문예 단체인 조선프롤레타리아예술가동맹(KAPF, 약칭 '카프')이 설립된다.

프롤레타리아 예술운동의 전위부대를 자임한 카프는 문학예술운동 단체를 표방하고 있었다. 하지만 소속 맹원 대부분이 문학가였고 일부 미술가가 참여하는 정도였다. 그렇다 보니 음악, 미술, 연극, 영화, 무용 등 예술의 제 분야에서 활동하는 인물들을 포섭하여 이들을 카프의 깃발 아래에 모이도록 하는 것이 중요했다.

《아리랑》의 열풍이 휩쓸고 지나간 이후 조선 영화계에는 《낙원을 찾는 무리들》, 《뿔 빠진 황소》(1927)와 같은 노동자들의 비참한 삶을 묘사한 작품들이 연이어 발표되었다. 이들 영화에 참여한 황운(黃雲), 김태진, 주인규 등은 함흥 출신으로 사회주의 사상에 관심을 두고 있던 인물들이었다.

이와 별도로 영화예술을 발전시킬 목적으로 조선영화예술협회가 조직된다. 이 단체는 영화 시사회와 비평모임을 개최하는 것 외에 영화계에 종사할 미래의 영화인들을 양성할 계획도 가지고 있었다. 윤기정(尹基鼎), 김영팔(金永八) 등 신문과 잡지에 필명을 떨치고 있던 카프 소속 인사들도 참여했는데 이 중 윤기정은 연구생으로 합류한 임화(林和), 김유영(金幽影), 서광제(徐光霽), 추적양(秋赤陽), 강호(姜湖) 등을 카프에 가입시켜 영화 부문의 역량을 강화했다.

이들 카프 소속의 연구생들은 연수 기간이 끝난 후 이종명(李鍾鳴)의 『유랑』(1928)을 영화로 만들었다. 각색은 김영팔과 윤기정, 연출은 김유영, 출연은 임화, 서광제, 추적양 등이었다. 《유랑》의 제작을 준비 중이던 때 또 다른 출자자가 나타났다. 연구생들은 강호를 중심으로 조직을 나누기로 하고 강호의 고향 진주에서 남향키네마라는 이름으로 새로운 영화를 만들었다. 강호가 연출을 맡은 영화의 제목은 《암로》(1929)였다. 《유랑》과 《암로》는 농촌을 배경으로 지주 소작문제와 같은 비참한 농촌의 현실을 다루고 있었다. 나운규가 연출한 《아리랑》의 영향을 짙게 받고 있었다.

두 편의 작품을 완성한 카프 맹원들은 보다 전문적인 영화인의 참여가 필요하다는 것을 절감하고 김태진, 손용진(孫勇進) 등 기성의 영화인들과 함께 서울키노를 조직하고 영화 《혼가》(1929)를 만들었다. 김유영이 연출한 《혼가》의 흥행 성과가 기대에 미치지 못하자 서울키노는 해산했고, 카프 소속으로 연극영화운동을 전개하던 인물들은 코민테른 '12월 테제'의

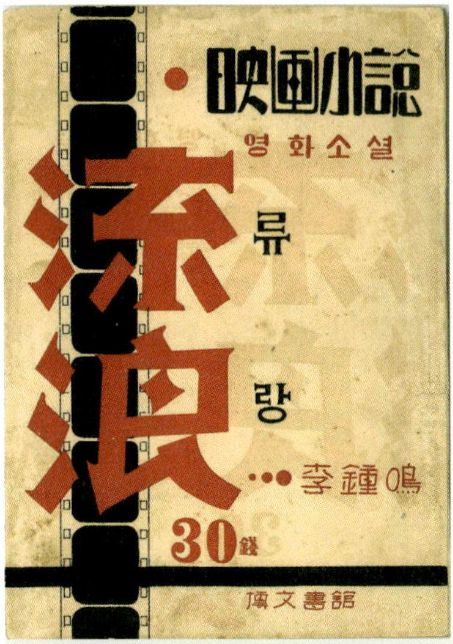

〈그림 15〉 영화소설 『유랑』의 표지

출처: 한상언 소장

〈그림 16〉《혼가》의 전단지

출처: 한상언 소장

정신을 이어받아 서울을 떠나 평양, 대구, 개성, 광주, 함흥 등지로 흩어져 농촌과 공장을 근거지로 삼아 활동했다.

1929년, 별다른 성과 없이 지방에 흩어져 있던 영화인들이 다시 서울로 모였다. 역량 강화를 위해서는 진보적 영화인들의 단결된 힘이 필요했다. 1929년 말에 카프 소속의 소장(少壯) 영화인을 비롯하여 영화 제작에 종사하는 진보적 영화인들이 모여 신흥영화예술가동맹을 조직했다. 이들은 신문사 영화기자들의 모임인 찬영회 회원들의 집을 찾아가 폭행하는 등 소동을 일으키기도 했으며, 영화 합평회를 개최하거나《아리랑 속편》으로 재기를 도모한 나운규를 비롯한 민족주의 계통의 영화인에 대한 비판 활동을 전개했다. 이 비판은 나운규, 이필우(李弼雨), 안종화 등

민족주의 계통의 영화인들이 반발하면서 두 진영 사이에 논쟁으로 확산되었다.

1930년 카프 중앙에서는 각 부서의 역량을 강화하기 위해 조직 정비를 결정하였다. 그 일환으로 신흥영화예술가동맹을 해산하고 카프영화부로 일원화하라는 결정을 내린다. 이 결정에 대해 서광제, 김유영이 크게 반발하였다. 결국 신흥영화예술가동맹을 해산하는 대신 서울키노를 부활시키기로 합의하면서 카프 영화인들 사이의 갈등은 잠정적으로 봉합되었다. 부활한 서울키노에서는 『중외일보』에 안석영(安夕影), 이효석(李孝石), 서광제, 김유영이 함께 쓴 연작 시나리오 《화륜》(1931)을 영화로 만들었다.

《화륜》의 영화화를 계기로 카프영화부 내부의 문제가 다시 불거졌다. 임화는 《화륜》의 영화화는 시나리오작가협회라는 또 다른 분파 집단의 행동일 뿐 카프영화부와 무관한 것이라 반발했다. 카프영화부에서는 카프 직속으로 청복키노를 조직하고 《지하촌》(1931)을 만들지만 검열로 인해 상영이 불발되었다.

1934년 신건설 사건으로 해산된 카프의 영화 제작 활동은 조선영화예술협회, 서울키노, 남향키네마, 청복키노에서 제작한 5편의 영화로 한정할 수 있다. 이 중 본격적인 노동자 영화는 서울키노에서 제작한 《혼가》와 《화륜》 그리고 청복키노에서 제작한 《지하촌》 세 편이다.

이 5편의 영화 중 《유랑》과 《암로》는 《아리랑》이 일궈 낸 성과 밑에서 농촌의 현실을 담고 있었다. 반면 《혼가》와 《화륜》, 《지하촌》은 카메라를 도시로 옮겨 와 도시노동자들과 도시빈민들의 모습을 그려 냈다. 카프를 중심으로 한 좌익영화인들의 렌즈는 도시의 그림엽서와 같은 장소가 아닌 영등포나 신당동과 같은 변두리의 빈민가나 철공소를 배경으로 공장

노동자의 모습을 그려 냈다. 이는 3·1운동 이후 식민지 조선의 사회주의 운동가들이 포착한 화려한 도시의 이면과 도시의 그림자가 품고 있는 혁명의 역량 같은 것이었다.

12

발성영화의 등장과 조선의 흥행업

1930년 1월 27일 단성사에서 상영된 《순회극단》과 《도라몬드 대위》는 이 땅에 처음 상영된 발성영화였다. 이어 조선극장에서 1월 28일부터 발성영화 《네 날개》와 《야구시대》 등이 상영되었는데 이 영화는 일반에 상영되기 이전인 1월 27일 총독관저에서 시사회가 열렸다. 조선극장의 발성영화 필름은 1월 29일부터 일본인 영화관인 중앙관에서 경성메소디스트교회부인회(京城メソジスト教會婦人會) 주최로 상영회가 열렸다.

처음 발성영화가 상영되었을 때는 호기심 어린 관객들로 인해 흥행에서 큰 성공을 거두었다. 또한 상설관마다 변사가 있어 내용을 설명해 주었기에 영화 관람에도 큰 문제가 없었다. 하지만 시간이 지나면서 본질적인 문제가 나타났다. 발성영화는 영어나 일본어로 녹음된 것이었고, 자막은 일본어였다. 상설관에서 변사가 사라지자 일본어를 읽을 수 없는 사람들은 영화의 내용을 제대로 알 수 없었다. 관객이 줄기 시작하자 상설

〈그림 17〉 1934년 발성영화관으로 신축된 단성사 전경

출처: 朝鮮新聞社, 1937, 『大京城都市大觀』, 映畫常設館ノ部.

관에서는 프로그램 중 일부를 영화 외에 연극과 같은 실연물로 채웠다. 글을 읽을 수 없는 사람도 극장에서 공연을 보고 즐길 수 있도록 한 것이다.

발성영화의 상영이 일반화되면서 기존의 영화관들은 발성영화관으로 신축 혹은 개축된다. 가장 먼저 신축한 곳은 서양영화를 전문적으로 상영하고 있던 단성사였다. 1934년 완공된 단성사는 다마타 기쓰지(玉田橘治)가 설계한 철근콘크리트로 만든 3층 높이의 건물로 대지 400평에 건축비 10만 원을 들여 방음, 난방, 환기 등의 설비를 갖추었다.

조선인 상설관인 단성사가 발 빠르게 발성영화관으로 전환을 추진했던 것과는 달리 일본영화를 주로 상영하던 일본인 상설관의 전환은 그보다 좀 늦었다.

강점 초기 일본의 영화회사들은 조선의 영화관 한 곳을 대리점으로 삼아 필름을 배급했다. 1920년대 초반부터는 이런 전통적인 배급 방식이 아닌 서울에 지점을 설치하고 그 지점을 통해 조선 전역의 극장에 필름을 공급하는 식으로 바뀌었다. 이러한 변화로 인해 흥행업에서 일본영화회사들의 영향력은 날로 확대되었다.

1930년대 중반, 발성영화가 본격적으로 상영되면서 그 변화는 가중되었다. 닛카쓰에서 지분을 가지고 있던 희락관(喜樂館)을 제외하고는 상설관과 영화회사의 상황에 따라 수시로 배급 계통이 달라졌다. 특히 1930년대 들어 일본산 발성영화들이 상영되기 시작하자 각 상설관은 일본의 쇼치쿠(松竹)와 같은 거대 영화회사의 개봉관이 되기 위해 경쟁하였다. 마찬가지로 일본의 주요 영화회사들은 시설이 좋은 극장에 자사의 영화를 개봉하고자 했으며 직접 조선 내 극장 경영에 관여하기 시작했다.

1930년대 조선 내 영화 흥행업의 변화를 잘 보여 주는 사례는 쇼치쿠 영화의 흥행권을 두고 일어났던 상설관 사이의 경쟁이다. 1912년부터 닛카쓰 영화를 상영하던 대정관은 닛카쓰에서 주주로 참여한 희락관이 닛카쓰 영화를 선점하자 쇼치쿠의 봉절관(封切館)으로 배급 계통을 바꾸었다. 발성영화 시대로 접어들면서 대정관은 낙후한 시설로 인해 쇼치쿠 봉절관의 지위가 흔들렸고 결국 1934년 동아구락부(東亞俱樂部)가 쇼치쿠 흥행권을 가져가 이름까지 송죽좌(松竹座)로 바꾸었다. 대정관은 약초정에 최신의 시설로 상설관을 지어 쇼치쿠 봉절관으로 복귀할 계획을 세웠다. 1935년 12월 30일 설립된 약초극장(若草劇場)은 다마타건축사무소가 설계한 1,172석을 수용할 수 있는 대형 영화관이었다.

쇼치쿠 영화의 흥행권을 가지고 있던 송죽좌 역시 대대적인 신축을 결정한다. 1936년 11월 기존 건물을 허물고 신축된 영화관은 대지 600평에

〈그림 18〉 1936년 신축된 명치좌 전경

출처: 서울역사박물관, 2011, 『명동: 공간의 형성과 변화』, 286쪽

수용 관객은 1,128명이었다. 하지만 송죽좌가 신축하는 사이 쇼치쿠의 홍행권은 명치정에 새로 들어서게 되는 명치좌로 넘어갔다. 쇼치쿠 홍행권을 획득한 명치좌는 극장이 완성될 때까지 서양영화를 상영하던 낭화관(浪花館)에서 쇼치쿠 영화를 상영하였다. 1936년 10월 7일 대지 505평에 1,178석의 규모로 신축한 명치좌는 조선의 쇼치쿠 봉절관으로 조선의 영화관을 대표했다. 쇼치쿠 홍행권을 상실한 송죽좌는 신축 후 이름을 황금좌(黃金座)라고 바꿨다.

발성영화 상영을 위해 일본인 상설관의 신축이 이루어지면서 영화흥행업에 있어서 남촌의 영화관들이 크게 약진하게 된다. 서양영화를 주로 취급하던 조선인 영화관 중 우미관은 여전히 3류 극장에서 벗어나지 못한 상황이었고 조선극장은 1936년 화재로 소실된 후 재기하지 못했다. 종로

5가에 있던 제일극장(第一劇場) 역시 1류 영화관이라는 인상은 주지 못했다. 오직 신축된 단성사만 경쟁력을 갖추었으나 이전보다 훨씬 적은 인원만 수용할 수 있었다. 자연스럽게 발성영화를 즐기는 조선인 영화팬들은 명치좌, 황금좌, 약초극장과 같은 신축 영화관으로 몰렸다. 결국 1939년에는 단성사까지 명치좌 체인에 인수되어 그 이름이 대륙극장으로 바뀐 채 쇼치쿠 2번관으로 운영되고 만다.

침략전쟁의 도구가 된 영화

IV

13

영화 기업의 출현

발성영화 시대로 접어들면서 일본인 흥행업자의 일부는 조선에서 영화 제작을 시도했다. 1929년 경성극장이 화재를 당하자 와케지마 슈지로(分島周次郎)가 주도하여 1931년 9월, 과거 경성극장이 있던 자리에 경성연예관(京城演藝館)을 세웠다. 서울의 야쿠자 두목이자 대일본국수회 경성지부장이던 그는 분도흥행부(分島興行部)를 세워 재건된 경성연예관을 운영했다.

영화 제작을 시작하며 분도흥행부는 대일본흥업회사(大日本興業會社)로 확대된다. 대일본흥업회사에서는 검극 배우 출신인 도야마 미쓰루를 끌어들여 경성운동장 근처에 원산프로덕션 경성촬영소를 설립하고 영화 촬영을 시작했다. 나운규가 합류한 원산프로덕션에서는 《금강한》(1931)을 비롯해 《남편은 경비대로》(1931), 《경성 온 퍼레이드》(1931)와 같은 영화를 제작했다. 하지만 일본 우익 세력과 손잡았다는 이유로 비난받던 나운규가 회사를 떠나고 도야마마저 조선에서의 활동을 그만두고 일본으로 돌

遠山プロダクション
京城撮影所開所式

東大門外清溪川河畔に新設された遠山プロダクション京城撮影所では十三日午後四時から開所式を擧行まづ正面セット内の祭壇前で大祓式後遠山滿、小說小澤、[illegible]研究生野外セットで撮影初めを行ひ直に祝宴に移って來賓會員共に祝盃をあげ盛會裡に散會した、新撮影所は[illegible]産業會社跡でスタヂオすでに完備し廣大な地域を擁してセット設置自由で申し分ない撮影所である（寫眞は上内社會課長の挨拶）

〈그림 19〉 원산프로덕션 경성촬영소의 모습을 담은 신문기사

출처: 『조선신문』, 1930.12.14.

아가자, 대일본흥업회사의 영화 제작은 소강상태에 접어든다.

이후 와케지마는 이필우와 그의 동생 이명우(李銘牛, 李明雨) 그리고 쇼치쿠에서 활약하던 야마자키 유키히코(山崎行彦, 한국명 김소봉)와 손잡았다. 이들은 경성연예관 뒤편에 촬영소를 새로 짓고 《대도전》(1935), 《아리랑 고개》(1935), 《홍길동전》(1935), 《홍길동전 후편》(1936), 《장화홍련전》(1936) 등을 제작하며 1930년대 중반 대표적인 영화 제작회사로 군림한다. 특히 1935년 10월 4일에 개봉된 《춘향전》은 조선 최초의 발성영화였다. 연출은 카메라맨 출신인 이명우와 일본인 김소봉이, 녹음은 조선 최초의 카메라맨으로 알려진 이필우가 맡았다. 또한 춘향 역에는 《임자 없는 나룻배》에서 늙은 뱃사공의 어린 딸 역을 맡았던 문예봉(文藝峯), 이몽룡 역은 한일송(韓一松) 그 외 박제행(朴齊行), 노재신(盧載信), 이종철(李鍾哲), 최운봉(崔雲峯) 등이 출연하였다.

와케지마의 경성촬영소는 1934년부터 1937년 사이에 3편의 무성영화와 6편의 발성영화를 제작했다. 이 중에는 나운규의 마지막 작품인 《오몽녀》와 필름이 남아 있는 가장 오래된 토키영화인 《미몽》(1936)도 포함되어 있다.

1931년부터 조선에서 영화를 제작해 온 와케지마는 과다한 제작비가 투입되는 발성영화 제작에 대한 부담으로 제작 부문은 고려영화협회에 매각했다. 이어 명동 중국영사관 부지를 인수하여 극장을 신축할 계획을 세웠지만 실패하고 경성연예관 역시 도쿄 후지흥행회사(富士興行會社)의 마쓰오 구니조(松尾國三)에게 매각하였다. 경성에서 영화 활동을 마친 그는 철원극장을 인수하여 활동지를 철원으로 옮겼다.

1930년부터 미국과 일본에서 만든 발성영화가 상영되고 조선에서도 1935년 《춘향전》을 시작으로 발성영화가 제작되기 시작하면서 영화 제작비는 날로 높아졌다. 영화인들 사이에서는 일본의 영화회사처럼 대자본과 기술을 갖춘 기업형 영화회사가 등장해야 한다는 주장이 제기되었다. 이러한 열망에 힘입어 최남주(崔南周)의 조선영화사와 이창용(李創用)의 고려영화협회와 같은 거대 영화회사들이 등장했다.

호남 지역 대부호의 아들이었던 최남주는 일찍부터 영화에 관심이 많았다. 안종화가 주도하던 조선문예영화협회(朝鮮文藝映畵協會)의 연구생이었던 그는 《꽃장사》(1930)를 직접 제작하기도 했다. 하지만 영화계를 떠나 금광 개발에 나섰고 금광 개발로 큰돈을 벌게 되자 고향 친구이기도 한 이재명(李載明), 박기채(朴基采) 등과 조선영화사를 세워 영화 제작을 재개했다. 풍부한 자금력을 앞세운 조선영화사는 뛰어난 영화 제작진과 배우들을 전속으로 두면서 조선 영화계의 기업화에 가장 앞에 섰다.

조선영화사와 어깨를 나란히 한 영화사는 이창용의 고려영화협회였다. 나운규프로덕션의 카메라맨 출신인 이창용은 외국 영화 수입회사인

기신양행에서 영화의 수입, 배급, 상영의 실무를 배웠다. 자본주들을 모아 고려영화협회를 세운 그는 조선 내 영화배급을 주도하며 큰 성공을 거두었다.

영화기업화에 맞춰 1930년대 후반 조선 영화계는 몸집 불리기에 혈안이었다. 조선영화사가 배우와 감독의 전속제를 실시하면서 우수한 인력들을 확보했던 것에 비해 배급업에서 영화 제작 쪽으로 업무를 확대하고 있던 고려영화협회에서는 제작 기능의 확대를 꾀하여 와케지마 슈지로의 경성촬영소를 인수하였다. 이창용은 경성촬영소에서 제작한 〈금강한〉의 촬영을 맡았어서 와케지마와도 인연이 있었다.

1938년 11월 경성촬영소를 인수하여 제작 부문에서도 큰 역량을 갖추

〈그림 20〉 조선영화사 의정부촬영소를 방문한 조선총독부 문서과장과 조선군 보도부장 일행

출처: 한국영상자료원

게 된 고려영화협회는 그 첫 번째 작품으로 동양극장 청춘좌(青春座)의 히트작인 임선규(林仙圭) 원작 《사랑에 속고 돈에 울고》를 영화로 만들었다. 그러나 영화는 녹음에 실패하면서 큰 손해를 입었지만, 영화 제작을 지속하여 《수업료》(1940), 《집 없는 천사》(1941), 《복지만리》(1941), 《풍년가》(1942)와 같은 영화를 만들어 냈다. 고려영화협회는 조선총독부의 영화통제 정책에 따라 단일 회사 설립에 있어 주도권을 점하기 위해 자본을 늘려 최인규(崔寅奎)를 중심으로 한 고려영화사로 재편되었다.

배급업에 바탕을 둔 고려영화협회에 비해 제작 위주였던 조선영화사는 우이동에 촬영소를 지었으며, 의정부에 촬영소를 갖춘 성봉영화원(聖峯映畵園)을 인수하면서 제작 역량을 강화하여 《무정》(1939), 《새출발》(1939), 《수선화》(1940)와 같은 영화를 만들었으나 중일전쟁으로 생필름 배급이 줄면서 영화 제작에 어려움을 겪게 된다. 결국 채권자 장선영(張善永)이 채권을 주식으로 전환하면서 회사의 대주주는 최남주에서 장선영으로 바뀌게 되었다.

하지만 최인규의 고려영화사와 장선영의 조선영화사 모두 1942년 전시통제를 이유로 영화 제작 허가가 취소되면서 역사 속으로 사라지게 된다.

14

중일전쟁과 일본 회사와의 합작

만주를 방문하고 돌아오는 길에 서울에서 이규환을 만난 신코키네마(新興キネマ)의 영화감독 스즈키 시게요시(鈴木重吉)는 이규환이 계획 중인 영화 《나그네》(1937)에 흥미를 느끼고 신코키네마에서 촬영과 녹음 등 기술적 도움을 주겠다고 약속했다. 얼마 후 신코키네마 측에서는 정식으로 합작을 제안해 왔고 이규환은 왕평(王平), 홍찬(洪燦), 서광제, 문예봉 등과 손잡고 성봉영화원을 만들어 영화 제작에 나섰다.

1937년 4월, 명치좌에서 개봉된 《나그네》는 품팔이 선원 복룡(왕평 분)이 포항으로 일을 하고 온 사이, 부친이 사고로 죽고 부인 옥희(문예봉 분)가 마을의 이발사 삼수[독은기(獨銀麒) 분]에게 정조를 유린당한 것을 알게 되어 삼수를 죽여 그 복수를 하게 된다는 내용이다. 평단의 상찬과 함께 흥행에서도 좋은 성적을 거둔 이 작품은 일본에서 《여로》라는 제목으로 개봉되어 의외의 큰 성공을 거두었다.

〈그림 21〉《군용열차》의 한 장면

출처: 한국영상자료원

1937년 7월 성봉영화원에서는 일본의 영화회사인 도호(東寶)와 합작으로 두 번째 작품《군용열차》(1938)의 제작에 들어갔다. 철도를 파괴하려는 중국인 스파이를 등장시킨 멜로드라마로 원작은 이규환, 연출은 서광제, 출연은《나그네》에서 호흡을 맞췄던 문예봉과 왕평 그리고 독은기였다. 시국을 반영하여 만든 이 영화는 일제의 침략전쟁을 옹호하는 내용을 담고 있었다. 제작 당시에도 그 노골적인 선전성 때문에 영화인들의 손가락질을 받았다.

비슷한 시기 극광영화사(極光映畵社)에서는 쇼치쿠와 합작으로《어화》(1938)를 만들었다. 일본과 독일에서 유학한 안철영(安哲永)이 연출한 이 영화는 어촌을 배경으로 한 멜로드라마로 가난한 어부의 딸 인순[박노경(朴魯慶) 분]이 아버지[윤북양(尹北洋) 분]가 남긴 빚을 갚기 위해 서울로 와 갖은 풍상을 겪다가 그녀를 찾아 서울로 온 연인 천석[박학(朴學) 분]을 만나 함께 고향으로 돌아간다는 내용이다.

동인제 회사인 성봉영화원과 극광영화사와 같은 소규모 회사의 영화 제작은 자본과 기술의 부족으로 인해 일본영화회사와의 기술 제휴가 아니면 영화를 완성할 수 없었다. 이러한 의존적인 관계는 조선에서 일본영화회사의 영향력을 확대하는 요인이었다. 당시 시장 확대를 기대하던 일본영화회사들은 조선의 소규모 영화회사와 합작으로 영화를 만들면서 조선의 영화시장에 진출할 교두보를 마련할 계획이었다.

조선의 영화회사들이 일본의 영화회사와 합작을 진행하면서 조선에서의 상영을 목적하기보다는 다수의 일본인 관객을 대상으로 한 영화로 제작했다. 마치 일본인 관광객들이 조선의 관광지를 둘러보는 것과 마찬가지로 금강산과 기생으로 대표되는 조선의 관광상품들을 사진엽서와 같은 잘 짜인 배경 속에 넣어 보여 주는 식이었다. 이러한 이국적 광경은 일본 제국 권역 안에 자리한 식민지의 풍경과 풍속을 전시하는 효과를 가져왔다. 당시 향토색이라는 이름으로 조선의 풍광을 보여 주는 식의 영화는 내용에 있어 무성영화 시대에 조선영화가 보여 주었던 식민지의 부조리한 상황에 대한 저항이 아닌 비참한 상태에서 파탄으로 끝맺거나 다시 그 풍경으로 들어가는 식의 회귀형 서사를 띠었다.

서광제의 《군용열차》가 제작되고 있던 상황에서 홍찬이 독단적으로 성봉영화원을 최남주의 조선영화사에 매각해 버리면서 동인들 사이의 큰 갈등을 빚는다. 건설이 한창이던 의정부촬영소는 조선 최대의 영화회사인 최남주의 조선영화사가 이어받았지만, 영화산업 통폐합으로 크게 활용되지 못했다.

같은 시기 고려영화협회는 와케지마 슈지로의 경성촬영소를 인수해 촬영소로 사용했지만 낡은 시설과 인근 경성연예관의 확장으로 촬영소의 규모가 크게 줄어들면서 남대문 부근에 창고를 임대해 임시 촬영소를 마련하였다. 이후 제대로 된 시설을 갖춘 영화촬영소를 설립할 계획으로 부평에 건축 준비를 하던 중 영화산업 통폐합으로 촬영소 건립은 무산되었다.

이렇듯 일제의 강점 아래 식민지 조선에서 영화 제작은 거대한 스튜디오와 후반 작업을 위한 설비를 갖추지 못한 상황에서 일정 부분 일본의 영화회사들에 의존할 수밖에 없었다. 조선영화사나 고려영화협회와 같은 대자본의 영화회사들이 등장하여 수공업적 단계에서 막 벗어나려는 상황에서 영화산업은 일제의 전쟁 수행을 위한 통제에 들어갔다. 안타깝게도 오랫동안 갈망하던 결핍된 욕망은 일제의 침략전쟁에 동조할 때 이루어질 수 있는 것이었다.

영화인들의 전쟁 협력은 일정 부분 자발적으로 이루어진 측면도 있었다. 중일전쟁이 장기화하자 조선 영화인들은 전쟁 분위기에 편승해 일제의 침략전쟁에 동조하는 영화를 제작했다. 1938년부터 일제가 조선인들을 대상으로 지원병제도를 시행하자 최승일(제작), 박영희(朴英熙)(원작), 안석영(연출) 등 과거 카프 출신의 영화인들이 지원병제도를 선전하기 위한 영화를 만들었다.

조선군과 조선총독부의 후원을 받으며 제작된 《지원병》(1940)은 군인이 되고 싶어 하는 춘호(최운봉 분)와 그의 연인인 분옥(문예봉 분)이 주인공이다. 마름이던 춘호의 아버지가 돌아가시자 덕삼[김창진(金昌震) 분]은 마름 자리를 차지하려 한다. 여기에 지주의 동생 영애[김영옥(金映玉) 분]와 춘호의 친구 창식[이금룡(李錦龍) 분]이 개입되어 춘호와 분옥은 서로 오해하며 그들의 사랑

〈그림 22〉《지원병》의 한 장면

출처: 한국영상자료원

을 의심한다. 이러한 상황에서 조선인 지원병제도가 시행되어 춘호가 응소하게 되면서 모든 어려움과 오해가 해소된다. 지원병으로 선택됨으로써 모든 이에게 존경받는 인간이 된다는 식의 설정은 전쟁 수행을 위한 이 영화의 목적을 노골적으로 보여 준다.

《지원병》과 같은 영화인들의 적극적인 전쟁 동원 영화 제작 이외에도 지루하게 이어지는 전쟁에 조선인을 동원하기 위해 모든 영화에서 전쟁에 유해하다고 여겨지는 것은 삭제하고 전쟁 수행에 필요한 내용을 추가하는 식의 개입이 이루어졌다. 그 시작은 1939년 여름, 조선영화사에서 《수선화》(1940)를 만들기 시작할 무렵부터이다. 《수선화》는 사전검열로 인해 시나리오에 대한 대대적인 개작이 이루어져 시대 배경이 바뀌는 등 큰 변화가 있었다.

1940년 조선 영화산업 전반을 통제할 목적으로 조선영화령이 발포되자 이미 제작을 시작한 영화들도 개봉을 준비하던 1941년 무렵에는 애초 기획과 달리 조선군 보도부의 중점 선전 내용들이 중요하게 강조되어 홍보되었다. 그렇지 않으면《신개지》(1942)처럼 상영금지 처분을 받거나,《아내의 윤리》(1941)처럼 많은 부분을 삭제당할 수밖에 없었다.

조선영화령이 본격적으로 시행된 1941년 이후 제작된 영화들은 전시 체제에 복무하는 영화들뿐이었다. 이 중에는《반도의 봄》(1941)처럼 조선 영화령 제정 이후 영화산업의 통폐합과 같은 전시 영화 체제를 옹호하는 내용의 영화,《복지만리》(1941)와 같은 조선인의 만주 이주와 오족협화 사상을 담은 영화,《집 없는 천사》(1941)의 경우처럼 소위 성전 완수를 위해 부랑아들까지 힘을 모아야 한다는 내용의 영화,《우르러라 창공》(1943)처럼 전쟁 승리를 위해 항공기의 중요성을 강조한 영화 등이 있었다.

15

조선군 보도부의 영화 활동

1937년 10월 20일 일제는 조선의 민심을 지도하고 여론을 환기하기 위해 조선군사령부 정보반이 가지고 있던 보도 기능을 분리하여 조선군사령부 신문반을 새롭게 조직한다. 신문반은 국방사상을 철저히 하고, 시국에 대한 인식을 주며, 내선일체의 체제 확립을 목표로 했다.

중일전쟁이 장기화하면서 군의 보도 기능은 더욱 강화되어 1938년 1월 17일 총력전하에 민간의 역할을 강화하고 여론을 통제하기 위할 목적으로 기존의 조선군 신문반을 보도반으로 확대한다. 조선군 보도반에서는 각종 언론기관과 관계 기관을 이용하여 국방사상을 보급하고, 여론을 일원화하며, 군민일치의 총동원 체제의 구축을 위한 활동을 전개했다. 1938년 10월에는 조선군 보도반이 조선군 보도부로 확대 개편되었고, 태평양전쟁 발발 직전인 1941년 8월에는 육군의 외부 관계 업무 대부분을 병무부로 통일시키는 병무부조령에 의해 조직이 더욱 확대·강화되었다.

국방사상 확립을 보도 선전의 주요한 목표로 삼았던 조선군 보도부에서는 신문, 잡지, 표어, 포스터, 사진, 영화, 종이 연극(紙芝居), 강연, 좌담회, 방송 등을 선전 도구로 활용하였다. 이 중 가장 중요하게 취급하였던 것이 영화였다. 조선군 보도부는 검열을 통해 영화의 내용에 관여하였을 뿐만 아니라 직접 영화 제작을 주도하였다. 1940년 이후 제작되었던 조선영화의 경우 조선군 보도부에서 군 관련 시설의 촬영을 돕거나 시나리오에 국방사상에 관한 사항들을 포함하도록 강제했다. 지원병 훈련소의 생활을 취재하여 만든 세미다큐멘터리 형식의 문화영화 《승리의 뜰》(1940)이 그 대표적인 작품이다.

방한준(方漢駿)이 연출한 이 영화는 지원병 훈련생도 3인을 중심으로 훈련소 생활과 생도들 간의 우정을 그린 전반부와 생도들이 일본 도쿄, 오사카(大阪) 등지로 견학하는 모습을 동행하여 수록한 후반부로 구성되었다. 교토(京都) 로케이션 중에는 그 지역을 방문 중인 전선대표아동성지순배단과 만나는 장면을 삽입하여 극적 효과를 극대화하였다. 또한 노해면 공덕리 지원병 훈련소와 고려영화사의 남대문촬영소에서 세트촬영을 진행하여 훈련소 생활을 이상적으로 그려 냈다. 이 영화는 1940년 10월 '시정30주년 기념영화'로 명치좌에서 상영되었다.

이후 조선군 보도부는 직접 영화 제작에 나섰다. 일본의 신코키네마에서 히나쓰 에이타로(日夏英太郎)라는 일본식 이름으로 활동하던 허영(許泳)은 영화 촬영 중에 발생한 사고로 조선인임이 탄로 나며 고초를 겪게 된다. 식민지 출신의 한계를 절감한 그는 재기를 위해 조선인 지원병의 이야기를 영화로 만들 계획을 세운다. 1941년 2월 조선군 측의 협조를 얻기 위해 조선으로 건너온 그는 지원병훈련소에서 10일간 체험한 후 시나리오

〈그림 23〉《승리의 뜰》의 신문 광고

출처: 『경성일보』, 1940.9.30.

를 작성하였고 조선군사령부에서는 신코키네마를 대신하여 직접 영화를 제작하기로 결정한다.

조선군 보도부에서 직접 제작한 허영의 《그대와 나》는 실제 군장비와 군인들을 동원하는 등 사상 최대의 물량을 투입하였을 뿐만 아니라 유명 배우들과 제작진들 역시 총동원되었다. 이 영화의 제작을 위해 일본의 주요 영화회사들은 촬영 스케줄을 조정하여 자사 전속의 유명배우들이 이 영화에 출연할 수 있게 협조하였다. 1941년 11월 15일 개봉된 《그대와 나》는 만주국의 스타 이향란(李香蘭)이 특별 출연하는 등 일본과 조선, 만주의 스타들이 참여한 국제적인 합작품으로 화제가 되었다.

《그대와 나》는 두 명의 25세 부여 출신 지원병이 주인공이다. 지원병 기노시타 다로(심영 분)는 훈련소에서 아이가 병으로 죽었다는 소식을 듣고 슬퍼한다. 또 다른 지원병 가네코 에이스케[김영길(金永吉) 분]는 우연히 알게 되어 편지를 주고받던 일본인 처녀 아사노 미쓰에[아사기리 교코(朝霧鏡子) 분]가 면회를 온다. 훈련 과정이 끝나 출정을 앞둔 이들은 고향 방문 기회를 얻어 부여로 간다. 그곳에서 아내(문예봉 분)와 만난 기노시타는 죽은 자식의 묘지를 찾고 가네코는 부모님께 인사를 올린다. 마을의 일손을 돕던 이들은 우연히 미쓰에의 형부이자 부여박물관장인 구보 료헤이[고스기 이사무(小杉勇) 분]와 마주치고 가네코는 미쓰에와 재회한다. 가네코는 미쓰에와 그녀의 친구 백희[김소영(金素英) 분]에게 부여의 사적과 풍물을 안내하고 구보 부부는 그를 초대한다. 이들 부부는 가네코와 미쓰에에게 내선결혼

〈그림 24〉《그대와 나》의 감독 허영(가운데)

출처: 한국영상자료원

을 권유한다. 다음날 가네코와 기노시타는 사람들의 환송을 받으며 부대로 복귀한다. 이렇듯 이 영화는 두 명의 지원병의 모습을 통해 군민일치의 국방사상과 내선일체의 정신을 이야기하고 있으며 이를 조선군 보도부에서 적극적으로 선전했다.

1944년 4월 조선영화배급사가 조선영화 제작회주식회사를 인수하여 사단법인 조선영화사로 재탄생하였다. 이 무렵 조선인 징병을 위한 징병검사가 실시되자 조선군 보도부에서는 징병제에 대한 선전 활동이 시급하다고 판단하고 직접 군대 생활의 모습을 담은 영화 《병정님》(1944)을 제작한다. 이 영화는 《승리의 뜰》의 연출자인 방한준이 메가폰을 잡았고 1940년대를 대표하는 조선인 남성 스타 남승민(南承民), 최운봉, 독은기가 주인공으로 출연하여 훈련소의 일상과 훈련 모습, 훈련병들 사이의 우정 등을 다루었다.

징병 영장을 받고 훈련소에 온 하라마쓰 겐키(남승민 분)와 야스모토 에이치(독은기 분), 마고타 료헤이(최운봉 분)는 조선인 훈련소에서 군사훈련을 받으며 군인으로서 자세와 끈끈한 전우애를 배운다. 전쟁터로 떠나기 전 위문공연이 펼쳐지고 조선과 일본, 만주의 유명 무대 예술인들이 화면에 등장한다.

이 영화는 징병제를 앞두고 걱정이 많은 조선의 부모, 형제들에게 군대 생활의 일단을 알 수 있게 하는 것을 목적으로 삼았기에 군 생활의 긍정적인 면을 강조하는 식으로 연출되었다. 소프라노 마금희(馬金喜), 바이올리니스트 계정식(桂貞植), 테너 히라마 분주(平間文壽), 무용가 조택원(趙澤元), 음악가 이흥렬(李興烈) 등이 특별 출연했다.

조선영화사 출범 후 조선군 보도부에서는 전시계발영화들의 제작을 독려하기 위해 전시제작정신대를 조직하여 직접 영화를 기획하였는데 전시제작정신대 1탄으로는 전화기 공출을 소재로 삼은 박기채 연출, 니시키 모토사다(西亀元貞) 각본, 이명우 촬영의《국토방위를 위하여》(1944)가 제작되었다. 이어 전시제작정신대 2탄으로는 미국에 대한 적개심 앙양을 목적으로 한《승리》(1944)가 만들어졌다.

이렇듯 전시라는 특수한 상황으로 1938년 이후 조선영화는 조선군 보도부의 주도하에 선전의 도구로 활용되었으며 조선총독부와 조선군의 이중검열을 통한 통제가 이루어졌다. 특히 조선군 보도부에서는 영화의 기획, 시나리오 작성, 영화의 제작, 제작된 영화의 검열 등 기획에서 상영에 이르기까지 많은 부분의 결정과 판단을 주도했다. 이런 식으로 일제 말기 조선영화는 전쟁 수행의 중요한 수단으로 활용되었다.

16

통제 영화회사의 설립

1940년 8월 조선영화령이 발포되었다. 당국에서는 이를 바로 시행하기에는 무리가 있다고 판단하고 그 시행을 1년간 유예했다. 그 기간 조선의 영화산업 전체는 전시 동원 체제에 맞게 개편되었다.

우선 배급업 통제를 위해 40여 명에 달하는 배급업자들의 이해를 조정할 수 있는 조선내외영화배급업조합이 조직되었다. 이로써 조선 내 모든 영화배급업자들을 통합한 배급회사 설립이 추진됐다.

당시 일본 내에서는 조선의 영화산업 규모와 역할에 대해 큰 비중을 두지 않았다. 이러한 이유로 생필름을 할당받는 데 있어 만주나 중국보다도 덜 중요하게 취급되었을 뿐 아니라 일각에서는 '조선영화무용론'까지 대두되어 일본에 새롭게 생긴 배급통제회사 안에 조선을 배치하려 했다. 이러한 움직임에 조선총독부 당국자들은 조선의 적은 영화관 수, 그에 비해 높아지는 영화선전의 역할, 향후 만들어지는 영화 제작사의 활동을 지원해 주어야 할 재원의 필요성, 흥행 부문의 공익성 등 조선에서 영화사업의 특수성을 강조하며 독자적인 영화배급사 설립을 강조했다. 결국 독자안과 지사안을 두고 조선총독부와 정보국 사이에 많은 논의 끝에 조선영화업의 특수성을 고려하여 독자 영화배급사의 설립을 인정받게 된다.

당국에서는 영화의 제작, 배급, 상영에 관한 사항을 긴밀하게 연결해야 한다는 이유로 제작사의 설립을 주도하고 있는 다나카 사부로(田中三郎)에게 배급사의 사장직을 맡겼다.

1942년 5월 설립된 조선영화배급사의 설립준비금 15만 원은 조선영화제작주식회사에서 5만 원, 조선흥행연합회에서 5만 원, 『경성일보』와 『매일신보』가 각각 2만 5,000원씩 출자하였다. 실무를 책임질 상무이사로는 영화검열실에서 오랫동안 근무한 경찰부 경제경찰과장 오카다 준이치(岡田順一)와 조선신문사 취체역을 역임한 노자키 신조(野崎眞三)가 임명되었다.

창립 이후 조선 내의 모든 필름 배급은 조선영화배급사가 주도하였다. 개업 후 1개월 만에 조선 내 147개 영화관에 필름을 배급하기 시작하여 3만 원 이상의 수입을 거뒀다. 또한 태평양전쟁 발발 1주년을 맞아 1942년 12월에는 조선 대중의 계몽 발전을 위해 농산어촌 이동상영반을 결성하였다. 이동상영반은 각 도당 1개 반, 총 13개 반을 두었으며 조선영화배급사 직속으로 예비반 8개를 설치해 업무를 보조하도록 했다. 그 결과 이동상영반은 설립 4개월 만에 1,109회 상영에 관람 인원은 80만 명에 달하는 성적을 냈다.

통제회사 설립에 있어 배급 부문은 원활하게 진행된 것과는 달리 제작 부문은 많은 진통이 있었다.

당시 조선의 10개 영화 제작회사 중 극영화 제작을 주도하던 조선영화사, 고려영화사는 자신들이 중심이 된 영화회사 설립을 추진했다. 여기에 문화영화를 주로 제작하던 일본인 영화 제작자들 역시 조선 내 일본인들이 주도하는 새로운 회사를 설립하기 위해 움직였다.

일본영화산업의 한 축을 담당할 조선 내 단일 회사를 어느 세력이 주도하느냐의 문제는 향후 조선의 영화 제작 향방을 결정하는 것과도 같았기에 이들 사이의 입장 차는 쉽게 좁혀지지 않았다.

1940년 12월, 단일한 영화 제작사의 설립을 위해 기존의 10개 영화회사가 모여 조선영화 제작자협회를 조직한다. 조선총독부와 군부가 원하는 식으로 영화 제작업의 통합을 이루기 위해 조선총독부의 문서과, 도서과의 양 과장과 군부의 아쿠타가와(芥川) 소좌 등 당국자들이 상담역으로 참여하였다. 조선영화 제작자 협회에서는 새 회사 설립에 앞서 각 회사가 소유하고 있는 기재를 인수할 현물평가 금액을 자체적으로 산정했는데 평가액은 무려 80만 원에 달했다. 거액의 자금을 조달할 수 있는 조선 내 일본인 출자자와 조선인 출자자들의 이름이 오르내렸다. 하지만 제작자들 사이의 이해관계 차이로 쉽게 해결될 수 없었다.

1941년 12월 8일 일본의 진주만 공습으로 태평양전쟁이 발발하자 새로운 영화회사의 설립은 더욱 긴박해졌다. 결국 조선총독부에서는 기존의 영화 제작자들을 배제하고 경성상업회의소 부회장으로 조선영화배급사를 책임지기로 한 다나카 사부로를 앞세워 기존의 영화회사 전체의 허가를 취소하고 새로 영화회사를 조직하기로 방침을 세운다.

1942년 5월 새롭게 출범한 영화회사는 총자본금은 200만 원, 첫 회 불입금은 80만 원으로 책정했다. 주식 공모가 아닌 약 40명의 발기인이 주식을 인수하는 형식을 취했다. 기존 영화회사들이 보유한 기재의 인수 가격은 자체 평가액 80만 원에 훨씬 미치지 못하는 10만 원으로 책정되었다. 촬영소장으로는 닛카쓰(日活) 다마가와(多摩川) 촬영소 제작부장 출신인 나카다 하루야스(中田晴康)가 임명되었다. 이어 100여 명의 종업원이 채용되었다.

새로 출범하는 영화회사에서는 연간 일반작 6편, 특별작 6편, 시국영화 24편, 문화영화 20편을 제작할 것을 계획했다. 이렇게 탄생한 조선영화제작주식회사는 1942년 9월 29일 등기수속을 완료한 후 본격적인 활동에 들어갔으며, 기존 10개 영화회사는 제작 허가가 취소되어 역사 속으로 사라졌다.

독점적 영화 제작 회사의 등장과 이를 주도한 세력을 보면 조선에서

〈그림 25〉 조선영화 제작주식회사의 주요 인물들

출처: 한국영상자료원

영화 제작은 이제 조선인이 아닌 재조일본인이 주도하게 되었음을 알 수 있다. 조선영화사, 고려영화사 등 기존의 극영화 제작을 주도하던 조선인 영화 제작자들은 이제 영화 제작 분야에서 어떠한 영향력도 행사할 수 없었다. 조선인 영화인들 역시 일본인들이 운영하는 영화회사의 종업원에 머물 뿐이었다. 이제 조선에서 영화 제작업은 완전히 재조일본인들이 주도하고 조선인들은 그 뒤를 따르는 형세가 되었다.

17

침략전쟁에 동원된 영화

1942년 조선영화 제작주식회사가 조직된 이후에는 영화기획심의회에서 기획된 영화만이 제작에 들어갈 수 있었다. 1943년부터 광복을 맞을 때까지 〈표 1〉과 같이 극영화가 제작되었다. 이 중에는 조선군 보도부에서 제작한 영화의 제작을 지원하거나 도호와 같은 일본의 영화회사에서 제작하는 영화의 조선 내 촬영을 지원하는 경우도 있었다.

조선영화 제작주식회사 창립 이후 처음 제작된 작품은 박기채 연출의 《조선해협》(1943)이다. 부모가 허락하지 않은 여인 긴슈쿠(문예봉 분)와 살림을 살고 있던 세이키(남승민 분)는 전장에서 형이 사망하자 자신도 지원병이 되어 전선으로 떠난다. 혼자 남은 긴슈쿠는 아이를 낳아 기르며 공장에서 증산을 위해 노력하던 중 병으로 쓰러진다. 그런 긴슈쿠를 세이키의 부모가 가족으로 받아들인다는 내용이다. 징병과 증산이라는 조선인의 전쟁 참여를 독려하기 위해 제작된 영화로 전시 선전에 중요하게 활용되

〈표 1〉 통제회사에서 제작한 극영화

<table>
<tr><th>제작사</th><th>연도</th><th>제목</th><th>감독</th><th>각본</th><th>촬영</th><th>비고</th></tr>
<tr><td rowspan="4">조선 영화 제작 주식 회사</td><td rowspan="3">1943</td><td>조선해협
(朝鮮海峽)</td><td>박기채</td><td>쓰쿠다 준
(佃順)</td><td>이명우</td><td>극영화</td></tr>
<tr><td>젊은 모습
(若き姿)</td><td>도요다 시로
(豊田四郎)</td><td>핫타 나오유키
(八田尙之)</td><td>미우라 미쓰오(三浦光雄)</td><td>극영화</td></tr>
<tr><td>망루의 결사대
(望樓の決死隊)</td><td>이마이 다다시
(今井正)</td><td>야마가타 유사쿠(山形雄策), 야기 류이치로
(八木隆一郎)</td><td>스즈키 히로시(鈴木博)</td><td>도호 제작,
조선 측 제작지원</td></tr>
<tr><td>1944</td><td>거경전
(巨鯨傳)</td><td>방한준</td><td>쓰쿠다 준
(佃順)</td><td>김학성,
황운조</td><td>해군특별지원병실시 기념</td></tr>
<tr><td rowspan="3">(사) 조선 영화 사</td><td rowspan="2">1944</td><td>병정님
(兵隊さん)</td><td>방한준</td><td>니시키 모토사다
(西龜元貞)</td><td>이명우</td><td>조선군 보도부 제작,
조선 측 제작지원</td></tr>
<tr><td>태양의 아이들
(太陽の子供たち)</td><td>최인규</td><td>니시키 모토사다
(西龜元貞)</td><td>한형모</td><td>극영화</td></tr>
<tr><td>1945</td><td>사랑과 맹세
(愛と誓ひ)</td><td>최인규</td><td>야기 류이치로
(八木隆一郎)</td><td>야마자키 가즈오(山崎一雄)</td><td>도호 합작, 극영화.
《가미카제의 아이들(神風の子供たち)》과 동일 영화</td></tr>
</table>

출처: 한상언, 「일제말기 통제영화 제작회사 연구」,『영화연구』 36호, 2008, '표 2' 참조.

었다.

뒤이어 만들어진 《젊은 모습》(1943)은 원래 창립작으로 기획되었으나 제작 기간이 길어지면서 뒤늦게 완성되었다. 징병제를 앞두고 조선의 학생들에게 무사도를 심어 주기 위해 헌신하는 마쓰다[황철(黃澈) 분] 선생과 생도들의 모습을 그렸다. 일본의 유명 감독 도요다 시로(豊田四郎)와 카메라맨 미우라 미쓰오(三浦光雄)를 초빙해 연출과 촬영을 맡겼을 정도로 큰 기

〈그림 26〉《조선해협》 촬영팀

출처: 한국영상자료원

대와 지원을 아끼지 않았던 작품이지만 거대 제작비와 오랜 제작 기간으로 제작회사에 큰 재정적 부담을 남겼다.

세 번째 영화는 방한준 연출의 《거경전》(1944)이다. 바다에 애착이 없던 청년[야마모토 도키오(山本時睦) 분]이 포경선에 올라 혹독한 시련을 겪은 끝에 용맹한 수산 전사로 다시 태어난다는 이야기이다. 해군특별지원병제 실시에 맞춰 해양사상 보급 및 수산 증산을 목적으로 제작되었다.

조선영화 제작주식회사는 창립 이후 2년에 가까운 기간 동안 극영화를 3편밖에 제작하지 못하는 등 미비한 활동과 경영의 위기로 결국 1944년 4월 조선영화배급사와 통합하여 사단법인 조선영화사로 개편된다.

사단법인 조선영화사로 바뀌고 처음 만들어진 작품이 최인규가 연출한 《태양의 아이들》(1944)이다. 조선 최남단의 어느 섬을 배경으로 출정 간

〈그림 27〉《거경전》 촬영팀

출처: 한국영상자료원

간이국민학교의 교장선생님[미즈시마 미치타로(水島道太郞) 분]이 사이판에서 '가미카제(神風)'로 죽음을 맞게 되는 내용으로 학생들의 애국심과 연합군에 대한 적개심을 앙양하는 영화이다.

조선영화사에서 완성한 마지막 극영화는 《사랑과 맹세》(1945)로 이 역시 최인규가 연출을 맡았다. 신문사 국장인 시라이시[다카다 미노루(高田稔) 분]는 조선인 부랑아 에이류[김유호(金裕虎) 분]를 데려다 키우고 있다. 에이류는 자신이 평소 따랐던 무라이(독은기 분)가 해군특공대에 지원했다가 사망하자 취재차 그의 가족을 만나게 되고 무라이의 아내 에이코[김신재(金信哉) 분]는 에이류가 과거에 잃어버렸던 동생일지 모른다고 생각한다. 많은 사람에게 환영받는 출정군인을 시기하여 출정을 방해한 에이류는 곧 그 행동을 뉘우치고 무라이 가족에 대한 진심 어린 기사를 쓴다. 그 후 해군 지원

〈표 2〉 통제회사에서 제작한 문화영화

제작사	연도	제목	감독	각본	촬영	비고
조선영화제작주식회사	1942	반도의 소녀(半島の乙女)	이병일		양세웅, 김학성	음악영화, 문화영화
		우리는 이제야 간다(我等いまぞ征く)	박기채		이명우	국민총력연맹 기획 문화영화
		쇼와 19년(昭和十九年)	모리나가 겐지로(森永健次郎)		이명우	조선총독부, 내무성 인정작품, 문화영화
	1943	소이탄(燒夷彈)				
		일장기 만세(日の丸萬歲)				문화영화
		영광의 날(榮光の日)				해군특별지원병 문화영화
		빛나는 승리(輝く勝利)				문화영화
		소생하는 전사(蘇へる士)				문화영화
		조선에 온 포로(朝鮮に來た俘虜)	안석영		김학성, 최순홍	조선군 보도부 후원, 문화영화
(사)조선영화사	1944	국토방위를 위하여(國土防衛のために)				조선군사령부 기획, 지도. 전시제작정신대 1탄
		적기는 다시 온다(敵機はまた來る)				방공계발영화
		승리(勝利)				조선군사령부 기획, 지도. 전시제작정신대 2탄으로 미국 적개심 앙양영화
		개척되는 대륙(拓け大陸)	윤용규	양세웅		조선총독부 노무과, 조선이주협회 후원 문화영화
	1945	감격의 일기(感激の日記)	신경균			징용계발영화

출처: 한상언, 「일제말기 통제영화 제작회사 연구」, 『영화연구』 36호, 2008, '표 3' 참조.

병이 된 그는 에이코의 환송을 받으며 훈련소에 입소한다.

이렇듯 일제 말기에 만들어진 극영화는 조선인의 생활과 밀접하게 관련된 이야기들 속에 출정하는 군인, 훈련소의 모습, 죽음으로 돌아온 자식 등 국가에 대한 헌신이라는 이름으로 침략전쟁에 동참하는 행위를 숭고하게 그린다. 또한 영화 속 주인공은 일제가 조선인에게 요구하던 천황의 선량한 군인이거나 미래의 군인을 보여 주고 있으며 남편과 자식을 전장으로 보낸 총후부인을 전쟁의 승리를 위해 공장이나 가정에서 모범적 생활을 하는 모습으로 묘사한다. 이는 식민지에서의 물적, 인적 수탈을 합리화하기 위한 기만적 선전 방식이다.

극영화 외에도 시국을 반영한 문화영화와 《조선시보》라는 제호의 뉴스영화도 제작되었다. 문화영화는 전시 조선 여성들의 애국 활동을 소재로 한 음악영화 《반도의 소녀》(1942), 국민총력연맹에서 기획한 징병영화 《우리는 이제야 간다》(1942) 등을 비롯해 1944년 조직된 전시제작정신대에서 전쟁 승리를 목적으로 만든 영화들 외에 《적기는 다시 온다》(1944)와 같은 방공계발영화, 《감격의 일기》(1945)와 같은 징용계발영화, 《개척되는 대륙》(1944)과 같은 만주 이주를 소재로 한 영화들이 제작되어 조선인을 전쟁으로 몰아넣는 도구로 활용하였다.

맺음말

일왕의 항복 선언이 있은 다음 날, 우리 영화인들은 사단법인 조선영화사의 창고를 부수고 카메라와 필름을 꺼내 거리로 나섰다. 형무소에서 석방된 정치범들을 환영하는 군중, 건국준비위원회를 이끌던 여운형과 그의 연설을 보기 위해 휘문고등학교 교정에 모인 청중, 소련군이 서울역에 도착한다는 소문을 듣고 종로를 지나 서울역 앞에 모인 거대한 인파의 모습 등이 필름에 담겼다. 광복 후 역사적 순간들이 담긴 필름은《해방뉴스》라는 제호의 뉴스영화로 만들어졌다. 이는 광복 후 우리의 손으로 만든 첫 번째 영화였다. 해방된 조선의 모습을 담은 이 영화는 38선 이북 지역과 일본, 미국의 교포들에게까지 전해졌다.

일제의 굴레에서 벗어난 영화인들이 역사의 기록자가 되어 해방 직후의 역사적 순간들을 후대에 전해 준 이 영화는 해방 후 우리의 영화가 어떠한 위치에서 어떠한 시각으로 만들어져야 한다는 점을 깨닫게 해 준다. 일제강점기 조선영화는 일제의 조선인에 대한 동화와 동원, 이에 대한 조선인의 저항 혹은 협력으로 대표되는, 그 자체로 식민지적 특성을 반영하고 있다. 조선에 거주한 일본인들이 주도하는 식으로 구조화된 산업과 식민지 지배기구의 통제와 감시하에 만들어진 조선영화는 일본인들이 가진 식민지 조선에 대한 편향된 시각과 조선인에 대한 불평등한 태도를 그 안에 포함하고 있다. 반면 해방 후에 만들어진 영화와 새롭게 구축된 영화산업은 우리 스스로 영화산업의 주인이라는 점을 분명히 한다.

《해방뉴스》에 등장하는 조선인은 더 이상 교화와 계몽의 대상, 전쟁을 위해 동원해야 할 인력이 아닌 그 자체로 해방의 감격을 체화한 주체적인 인간으로 그려진다.

해방이라는 사건은 식민지 영화산업의 침탈적 구조와 조선에서 영화업을 영위하는 일본인들을 위해 만들어진 영화 정책으로 주변화되었던 조선 영화인이 어떻게 달라질 수 있는지를 보여 주는 역사적 분기점이었다. 해방 후 5년 만에 일어난 전쟁으로 모든 것이 파괴된 상황에서도 해방의 경험을 지닌 우리의 영화인들은 영화를 만들고 영화산업을 새롭고 튼튼하게 일궜다. 특히 1954년 '국산영화면세조치'라는 우리 영화에 대한 새로운 진흥 정책의 도입 결과, 1959년에 이르면 한국영화는 연간 100여 편을 만들어 낼 정도로 비약적인 성장을 보였다. 이는 일제강점기의 영화적 경험을 공유하고 있는 북한 지역도 마찬가지이다.

영화 제작의 양적 성장 외에도 뛰어난 영화인들이 영화계에 진출하여 우리의 영화를 보다 풍성하게 만들어 냈다는 점도 기억해야 할 부분이다. 해방 전 영화들과 비교할 수 없을 정도로 다양한 장르의 뛰어난 영화들이 우리 영화인들의 손으로 만들어졌다. 그중 1956년 아세아영화제에서 특별희극상을 수상한 이병일 감독의 《시집가는 날》(1956)이나 1961년 베를린영화제에서 은곰상(심사위원 특별상)을 수상한 강대진 감독의 《마부》(1961)처럼 국제적으로 높은 평가를 받은 영화도 있었으며 《하녀》(1960)나 《오발

탄》(1961)처럼 세기를 넘어서까지 그 가치를 인정받고 있는 걸작도 있다. 이는 식민지의 굴레와 전쟁의 폐허를 딛고 일어나 영화를 만들어 내기 시작한 지 불과 10년이 안 된 짧은 시간 안에 일궈 낸 경이로운 성과이다.

19세기 말 프랑스에서 탄생한 영화는 많은 돈을 벌어들이는 새로운 상품으로 빠르게 전 세계로 퍼져 나갔다. 각국에 영화산업이 움트던 시절 우리는 일제의 식민지로 전락했으며 식민지 조선영화는 연간 5편 정도의 적은 편 수만이 만들어졌다. 세계에서 가장 많은 영화를 제작하는 나라 중 하나인 일본과 달리 일본의 식민지 조선에서 영화산업은 더딘 성장에 머물 수밖에 없었다. 이러한 실패의 밑바탕에는 선순환이 이루어질 수 없는 약탈적 구조가 도사리고 있었다.

한국전쟁 이후 급성장한 영화산업과 비교해 보았을 때 규모에서나 영화적 실천에서나 큰 성과를 낼 수 없었던 조선영화의 미숙은 식민지적 영화산업의 구조가 만들어 낸 침탈적 상황의 결과물이었다. 그런 의미에서 식민지 조선 영화인들이 자조적으로 언급하던 "실패할 수밖에 없는 상황"이야말로 식민지의 본질을 함축하고 있는 표현이라 말할 수 있다.

참고문헌

- 강옥희 · 이순진 · 이승희 · 이영미, 2006, 『식민지시대 대중예술인 사전』, 소도.
- 김계자 편역, 2012, 『일본어잡지로 보는 식민지 영화 2』, 도서출판문.
- 김려실, 2006, 『투사하는 제국 투영하는 식민지』, 삼인.
- 김미현, 2006, 『한국영화사』, 커뮤니케이션북스.
- 김종원 · 정중헌, 2005, 『우리영화 100년』, 현암사.
- 김태현 편역, 2012, 『일본어잡지로 보는 식민지 영화 1』, 도서출판문.
- 魯晚, 1964, 『韓國映畫史』, 韓國俳優專門學院.
- 백문임 · 이화진 · 김상민 · 유승진, 2016, 『조선영화란 하(何)오』, 창비.
- 安鍾和, 1962, 『韓國映畫側面秘史』, 春秋閣.
- 유현목, 1980, 『한국영화발달사』, 한진출판사.
- 李英一, 1969, 『韓國映畫全史』, 三愛社.
- 이하나 · 박영정 · 한상언 · 문옥배, 2023, 『일제의 대중문화 통제』, 동북아역사재단.
- 이효인, 1992, 『한국영화사강의 1』, 이론과실천.
- 이효인 · 정종화 · 한상언, 2019, 『한국근대영화사』, 돌베개.
- 정병호 · 김보경 편역, 2012, 『일본어잡지로 보는 식민지 영화 3』, 도서출판문.
- 최철오, 2021, 『초창기 부산 영화사 연구』, 부산대학교 박사학위논문.
- 한국영상자료원 영화사연구소 편, 2010~2015, 『일본어 잡지로 본 조선영화 1~6』, 한국영상자료원.
- 한국예술연구소 편, 2003~2004, 『이영일의 한국영화사를 위한 증언록 1-4』, 소도.
- 한상언, 2018, 『조선영화의 탄생』, 박이정.
- ______, 2019, 『서울의 영화』, 서울역사편찬원.
- 홍영철, 2009, 『부산근대영화사』, 산지니.

찾아보기

일제침탈사 바로알기 33

일제강점기 조선영화
– 동화에서 동원으로

초판 1쇄 발행 2025년 11월 21일

지은이 한상언
펴낸이 박지향
펴낸곳 동북아역사재단

등 록 제312-2004-050호(2004년 10월 18일)
주 소 서울시 서대문구 통일로 81 NH농협생명빌딩
전 화 02-2012-6065
홈페이지 www.nahf.or.kr
제작·인쇄 (주)동국문화

ISBN 979-11-7161-242-0 (04910)
978-89-6187-482-3 (세트)